장로
훈련 교재

ISBN 9780687467075

WRITERS
Timothy Myunghoon Ahn; James Chongho Kim;
Cheol H. Kwak; Hoon Kyoung Lee;
Sungho Lee; Koo Yong Na

· 차 례 ·

제 I 부   직분   5

제 II 부   성경   33

제 III 부 교회   59

제 IV 부   신앙생활과 영성   85

제 V 부   지도자   107

제 VI 부   연합감리교회   131

제 I 부
직분

이훈경 목사

장로 훈련 교재

들어가는 말

　이탈리아의 신학자인 몬딘(Battista Mondin)이 미국의 교회는 붕괴되고 있다고 말한 적이 있는데, 여기에 대한 반응으로 보내온 편지 중에 다음과 같은 글이 있었다. "전통적인 교회가 와해 직전에 놓여 있다는 몬딘의 말은 옳다. 그러나 그러한 재난들은 철저하게 보수주의와 권위에 집착하여, 그리스도의 복음을 교회의 최고의 법전(The Code of Canon Law)으로 받아들이지 않는 그런 교인들에게만 해당된다. 탄력성 있는 종교 공동체의 일원인 나의 느낌으로는 지금이야말로 교회에 있어서는 최고의 날이라고 생각된다." (Avery Dulles, "교회의 모델" 김기철 역, 조명문화사)

　교회에 대한 이러한 생각들이 끊임없이 교차되는 가운데 하나님의 교회는 오늘에까지 이르렀다. 하나님의 교회가 지녀야하는 참다운 교회의 영성은 섬김의식이다. 그러므로 '섬김공동체'는 예수님이 원하셨던 초기의 공동체임을 부인할 수 없다.

　이민사회의 현실 속에서 하나님의 역사를 이루어 나갈 교회들은 어느 때보다도 섬김의식을 필요로 하는 때임을 발견하게 된다. 이제 우리는 미국 내의 한인연합감리교회들의 '최고의 날들'이 교회 내에서의 권위주의나 계급주의를 극복하고 성서적인 바른 영성을 세우므로 진정한 '섬김공동체'를 이루는 데에 있다는 확신을 가지고 직분에 대하여 공부하도록 하자.

　이민 1세대가 주류를 이루고 있는 한인이민교회가 과연 정상적으로 성장하고 있는 것일까? 사회심리적, 정치적, 경제적인 측면에서 이민교회가 안고 있는 문제들은 과연 어떤 것들이며, 그 문제에 대하여 교회는 얼마나 민감한가? 그 반응은 어떤 것인가?

우리는 한인 그리스도인들이 걸어온 삶이 새로운 환경(비록 그 환경이 기독교적인 환경이라고는 하지만)에서 어떻게 적응해 왔으며, 또 앞으로 어떻게 하나님의 뜻을 따라 바르게 살 수 있는지 생각해야 할 것이다. 더구나 우리들의 본래 심성에 자리한 문화적 양상이 하나님의 몸된 교회가 지녀야할 성서적인 영성인 '섬김의식'을 와해시키는 요인이 될 수 있다면 더욱 그렇다.

필자는 연합감리교회라는 미국의 한 교단에 소속된 한인 연합감리교회들이 문화적이고 제도적인 차이 때문에 겪고 있는 문제들 중의 하나인 직분에 대한 본질적인 이해를 위해서 이 교재를 시작하고자 한다.

한인연합감리교회들은 교회의 행정 처리 면에서 상당한 혼선을 갖고 있는 것이 사실이다. 그 이유는 미국연합감리교회에는 직분제도가 없는 관계로 생기는 직분에 대한 이해의 부족과 우리 자신이 자라온 한국교회가 답습해 온 직분에 대한 성서적인 바른 이해의 부족에 기인하고 있다. 결국 한인연합감리교회는 '이중적 직제 운영'이라는 범주를 벗어나지 못하고 있다.

필자의 관심은 우리의 이러한 부정적 요소가 있음에도 불구하고 이것을 극복하는 바른 모델을 위한 직분 이해에 있다. 소위 "교회 직제의 이중구조," 라는 현실적인 문제를 극복할 수 있는 구체적 방안은 "직분에 대한 바른 이해에서만 가능하다"는 전제를 두고 이 교재를 쓰는 것이다. 직분제도에 대한 올바른 이해는 직분자는 교회 내에서 뿐 아니라, 자신이 처한 어떤 자리에서도 봉사해야 하는 직분임을 이해하는 것이다. 하나님의 교회에서의 직분은 예수께서 세상을 향한 섬김에서 본을 보이셨듯이 섬김의 삶을 실천하기 위하여 있는 것이기 때문이다. 분명 교회 내에서 직분은 세상에서 말하는 직책간의 위계질서와는 달리 사랑과 섬김의 차원에서의 분담이라는 사실이다.

교회 내에서 직분의 구분의 시작은 예루살렘 교회의 사도들에 의한 것으로, 교회의 팽창에 따라 효과적인 교회 운영을 위해 필요하였다. 한인연합감리교회 전국연합회에서는 한국감리교회의 전통에 따라, 교회 안에 평신도 신령직제를 두어 운영하도록 하고 있다.

신령직이라 함은 집사직, 권사직, 장로직을 의미하는 용어이다. 신약성경에는 초대교회의 직분이 세 가지로 나타나는데, 감독 (episkopos), 장로 (presbyter), 그리고 집사(deacon)이다. 이들 삼중의 직분들은 시간이 흐름에 따라 각각 다른 형태로 오늘날 개체교회에서 신령직분으로 자리 잡게 되었다. 각 직분에 대한 바른 이해를 위하여 교회가 각 시대마다 직분에 대하여 어떻게 이해하여 왔는지 살펴보는 것이 매우 중요한 과제다. 각 시대의 직분에 대한 이해의 근거에서 오늘날 우리들의 직분에 대한 바른 이해가 형성될 수 있을 것이기 때문이다.

1장
각 시대의 직분제도 이해

교회의 직분제도와 그 형태는 성경에 근거를 둠과 동시에 한편으로는 그 시대의 상황에 따라 다양하게 변천되어 왔다. 희생제사를 드리던 구약시대에도 사제인 "제사장"과 "장로"라는 말이 여러 곳에서 쓰이고 있는데, 이는 공동체를 유지하기 위한 제도로써 오히려 일반 정치와 비교함이 타당할 것이다. 왜냐하면 신약성경의 교회는 하나님과 인간관계를 더 이상 희생제사를 중심으로 이해하지 않기 때문이다. 그러므로 여기서는 직분제를 이해하기 위하여 신약성경을 중심으로 다루고자 한다.

1. 신약시대의 직분제도

사실상 신약성경에서는 오늘날 교회에서 사용하는 "직분제도"(office)와 대등한 용어를 찾기가 힘들다. 직분제도가 있다고 하더라도 그것은 구약적인 배경과 문화에서 이해되어야 한다. 따라서 현대교회의 현실에서 접근할 수 있는 교회 직제에 대한 신약성경의 근거로는 그리스도인의 봉사직에 해당되는 언어에서 접근할 수 있을 것이다.

1) 카리스마(karisma)와 디아코니아 (diakonia)

신약성경에서 직무를 가리키는 가장 일반적인 말을 찾는다면, 그것은 아마 "카리스마"일 것이다. 바울은 로마서 6:23에서 "하나님의 은사는 그리스도 예수 우리 주 안에 있는 영생이니라"고 고백을 한다. 바울에게는 은사가 대단히 중요한 개념이다. 모든 그리스도인들이 주님을 위하여 봉사하는 것은 하나님으로부터 부여받은 은사이기 때문이다.

신약성경은 근본적으로 그리스도인들이라면 누구에게나

직분   9

은사가 주어져 있다고 하는 은사의 보편성과 아울러 다양성을 크게 강조한다. 이런 의미에서 보면, 소위 말하는 "직분" 곧 "부르심"은 "자리의 점유가 아니라 성령의 은사와 상관관계에 있다."[1]

바울에게 있어서 은사는 그리스도를 위하여, 그리고 그리스도인으로서의 삶을 살아가는 자체이기 때문에, 그리스도인들의 구체적인 삶에서 나타나게 되어 있다. 그러므로 "어떤 책무를 동반하지 않는 하나님의 은사나 선물은 없으며, 행동으로 옮겨지지 않는 은혜도 없다."[2] 이 점에서 은사인 카리스마는 섬김 혹은 봉사를 의미하는 디아코니아와 연결되어야만 한다. 이것이 우리가 교회의 직분에 대하여 근본적으로 이해해야할 신학적 이유이며 또 근거이다.

"디아코니아"라는 용어는 공관복음서와 사도행전에서 특별히 많이 사용되었고, 바울 서신과 베드로 서신에서도 사용되었다. 디아코니아라는 용어는 다음과 같은 의미로 사용되었다. ① 종이 집주인의 식사 시중을 들기 위해 봉사하는 상하관계의 신분을 표시하는 일반적인 의미로 사용되었다 (누가복음 10:40, 사도행전 6:1). ② 다양한 모든 교역은 오직 하나님께 돌려지는 일이라는 특별한 의미로 사용되었다 (고린도전서 12:4 이하). ③ 특별한 복종의 행동을 의미하는 것으로 사용되었다 (로마서 11:13; 고린도후서 4:1). ④ 의례적으로 일어나는 것이 아니라 그리스도인의 진실한 사랑의 행위를 의미하는 것으로 사용되었다.

좀 더 구체적으로 말하면, 사도 바울이 사용하고 있는 은사의 개념은 그리스도인의 신실한 사랑의 행위와 연결되어 있기에, 사사로운 것이 아니라, 공동체에서 행하여질 때 비로소 은사의 가치가 있는 것으로, 곧 "기독교적" 은사가 되는 것으로 이해하여야 한다. 즉 아무리 은사가 신비스러운, 영적인 것이라고 할지라도, 기독교성을 지니려면 그 은사의 실천 내용과 방식이 공동체성을 배제하여서는 아니 된다는 말이다. 고린도전서 12장에서 바울은 은사의 하나로 영적인 것을 포함시킨다. 그러나 이 장에서 보여주는 것은 "그 능력들로 하여금 그리스도와 공동체를 섬기게 되도록 함을" 원칙으로 한다.[3] 사실 이것만이 이교도들이 말하는 영적인 것들과 독특하게 구분될 수 있는 것이다.

따라서 우리는 신약성경의 교회가 일정한 형식의 직분제도를 지녔다고 생각하지는 않지만, 공동체를 지향하며, 상호 섬긴다고 하는 신앙 전통의 구현으로서의 "디아코니아"에서 직제의 본질적 특성을 찾을 수 있다고 믿는다.

그러므로 교회와 그 직분제 또는 은사가 신령하고, 거룩하며, "초자연적"이라고 한다면, 그 근거는 다름 아니라 은사의 공동체성, 섬김 지향성 따위의 디아코니아적 특질에 있다고 우리는 이해한다. 기독교가 말하는 초자연성이란 바로 이 세상과 다른, 하나님께 속한 성질을 가리키는 것이기 때문이다. 이와 같은 초기 교회의 "만인제사권" 전통을 중시한다면, 교회는 개인의 권리를 주장하는 사람들의 집합체가 아니라, 그 구성원에게 있을 다양한 은사가 다양하게 표현되는 여러 사람의 사제권이 결합한 영적인 공동체임을 확인할 수 있을 것이다. 그곳에서는 하나님께서 각자에게 허락한 은사가 기능적으로 표현되며, 그 은사를 받은 이들은 그리스도를 위하여 책임을 감당하는 자들, 즉 '지도자'의 진정한 의미로 나타날 뿐이다. 그러므로 모든 시대의 교회 직분제는 이와 같은 카리스마의 원리와 디아코니아에 비추어 검토되어야 할 것이다.

2) 신약시대의 직분제도의 기능

신약시대의 직분의 기능에 대하여는 먼저 사도들의 기능에 대하여 살펴봄이 유익할 것이다. 요한복음 21장에 언급되는 예수님이 베드로에게 주시는 목회사역의 사명은 개인적인 권위에 있지 않고 부활의 주를 전파하는 일과, 부활의 주를 따르는 무리들을 돌보는 일과, 제자도를 이루어 가는 일에 초점을 두고 있다. 사도행전을 쓴 누가나 바울의 입장이 다소의 차이는 있으나, 두 사람 모두 사도들의 사명은 일차적으로 "부활의 주를 증거하는 일"임을 확실히 하고 있다. 바울의 사역을 보아도 명령을 내리기보다는 권면을 하였으며 삶의 모범을 보인 것을 볼 때에 초대교회에서 직분제는 근본적으로 권위와 봉사 혹은 섬김이 조화를 이루는 것이 원칙이었을 것이라는 가능성이 높다.

이런 의미로 볼 때에 예수님이 원하셨던 그 시대의 사도들의 기능은 몇 가지가 있었다. ① 사도들의 기능 가운데 가장 기본적인 기능은 증거자가 되는 일이었다. ② 사도들의 기능 가운데 또 중요한 기능은 봉사하는 일, 즉 섬김의 삶이었다. 바울은 데살로니가전서 2:8에서 "우리가 이같이 너희를 사모하여 하나님의 복음으로만 아니라 우리 목숨까지 너희에게 주기를 즐겨함은"이라 말하고 있다. 사도의 일이 복음을 전하는 일과 그리스도의 사랑으로 삶 전체를 헌신하고 봉사하는 것을 포함하고 있다는 점이다. ③ 사도들의 기능 가운데 또 한 가지 중요한 것은 제자도(discipleship)와 지도력(leadership)을 지속시키는 일이다. 예수의 사도로서 예수의 일을 지속시키기 위한 훈련의 필요성을 말하는 것이다. 결국 부르심의 세 가지 형태 중인, 봉사와 섬김, 그리고 지도력이 신약성서에서 말하는 목회를 위한 공동적 기능이라 하겠다.

2. 교부시대의 직분제도

일반적으로 속사도시대로부터 5세기까지를 "교부시대" 라고 말한다. 교부시대 이후 교회의 직분제도는 계속 변천하여 교회의 단결력을 강화시키고 목회사역을 활발하게 하였다. 세월이 지나가면서 교역자의 사회적 지위가 선망의 대상이 되면서, 신학 교육을 받고 교역자가 되는 교역자들은 평신도와 구별되는 특수한 직급의 제도로 변하게 되었다. "사제직의 계승"만 하더라도 처음에는 신도들의 의견에 의해 선택되어지는 민주적인 방법이 시도되었으나 차츰 이 제도는 교권주의에 예속되는 형태로 변하게 되었다.

교부시대의 직분제도는 공동체의 필요에 따라 공동체의 의견으로 직제가 선정되었으며, 그들의 임무는 교회의 신도들에게 봉사하기 위한 것이었다. 그러나 이러한 공동체를 위한 직제가 차츰 계급화 되어가면서 권위의식에 고착되는 모습으로 변모되어 갔다. 즉 이 시대의 교회는 이미 이중계급 구조를 지향하고 있었다. 그러나 그 출발점과 동기는 여전히 성서적 신앙을 보다 효율적으로 계승하며, 외부의 박해와 내적 이단을 막으려는 것이었다고 할 수 있을 것이다.

3. 중세시대의 직분제도

이 시대는 '성직주의'와 교회의 삼중구조(감독, 장로, 집사)가 완성된 시기라 할 수 있다. 오늘날 우리가 말하는 특권적, 배타적 의미에서의 "성직자"는 성경에는 없었다. 성직자(clergy)라는 말은 "택함을 입은 자"인데, 성경은 그리스도를 믿는 모든 사람들이 하나님의 택함을 입은 자들이라고 명백히 말하고 있기 때문이다. 아브라함에게 행해진 약속의 상속자들 가운데는 "유대인이나 헬라인이나 종이나 자유인이나 남자나 여자나 다 그리스도 예수 안에서 하나이니라" (갈 3:28); "너희는 택하신 족속이요 왕 같은 제사장이요 거룩한 나라요 그의 소유가 된 백성이니" (벧전 2:9). 그러나 세속 왕권의 비호를 받게 되면서부터 교회들은 삽시간에 그 뿌리가 되는 섬김의 은사로서의 직제라는 성서적 직제관을 버리고, 특권으로서의 직제로 옮겨가게 된다. 이와 같은 배경에서라야 우리는 중세의 교회에서 한때 황제가 교회의 성직 임명권을 누렸다는 사실을 이해할 수 있다.

"평신도"라는 말은 3세기에 들어서면서 사용되기 시작되었다. "평신도"는 교회 안에서 일정한 지도력을 발휘하는 일종의 엘리트 집단을 가리키는 말이었고, 주로 성직자의 부재시 그를 대신하여 세례를 베풀고 제의를 행사할 수 엘리트 집단의 사람들이었다. 따라서 이 "평신도"라는 말은 기독교인들에게 장로와 집사라는 말과 동일한 존엄성과 직무에의 소명을 상기시켰다. 그러나 엘리트 집단으로서의 이 평신도 개념은 약 50년 정도만 유지되었다. 중세시대의 모든 교회들이 한결같은 직제구조를 가졌던 것은 아니다. 그럼에도 불구하고 우리가 알 수 있는 것은 직분제도가 성직 안에서도 발전해 나갔다는 사실이다. 즉 상급 성직자 계층과 하급 성직자 계층이다. "상급 성직자 계급에는 감독, 장로, 집사의 삼중구조였고, 하급 성직자 계급에는 수문자, 측귀자, 독송자, 성서 낭독자, 복사 등 필요에 따라 다양하게 변화되어 간 것이다."[4]

위의 사실들로 미루어 보아 우리는 공동체를 위한 직분이며, 공동체가 민주적으로 선출하여 증거와 봉사와 지도의 책임을 위임했던 초기 교회의 섬김의 은사 정신이 엄청나게 상실되고 말았음을 알 수 있다. 이제 성직자는 교회의 회중이 선출하는 것이 아니라 성직자단 또는 감독의 고유한 권한에 속하게 되었다. 나아가 교황은 교회생활만이 아니라 교인들의 생활 일체(사회생활 포함)를 관할하기에 이르렀으며, 이와 같은 상황은 종교개혁 이후에도 달라지지 않는다. 그러나 종교개혁과 더불어 교회의 직분제도는 점차 크게 변하기 시작하였다.

4. 종교개혁시대의 직분제도

종교개혁시대는 "오직 믿음으로만"이라는 사상과 "만인사
제론"을 교회의 직분제도와 연관하여 생각해 볼 수 있다.
"오직 믿음만으로 의롭게 된다"(복음주의)는 사상은, 소극적
으로는, 중세의 성직자주의가 만들어낸 "선한 행위를 통해서
구원을 얻는다"는 "율법주의"를 만들어낸 면죄부 판매를 거
부하는 신학적 기반이 되었으며,[5] 적극적으로는, "성직자주
의"의 거부, 곧 만인사제론을 이루었다. 나아가, 고해성사와
구원 이해는 교회를 새롭게 이해하게 도와주었다.

교회는 하나님께서 그리스도를 통하여 은총을 계속 베푸
시며, 믿는 사람들을 의롭게 하는 믿음의 공동체이다. 교회
를 교회되게 하는 것이 성직자 직제가 아니라 신도들의 믿
음이라면, 참 신도들의 모임인 교회는 "불가시적 교회"라고
말할 수 있다. 교회가 진정한 구원의 도구가 되기 위하여
"완전한 사회"일 필요는 없다. 교회는 오히려 "용서받은 죄
인들의 무리"이다. "교회를 교회되게 하는 것은 인간의 어떤
요소가 아니라 보이지 아니하는 '하나님의 은총'이기 때문이
다. 우리는 여기서 성서의 한 원리였던 '카리스마'의 새로운
표현을 본다. 교회는 은총의 공동체이며, 은총에 복종하여야
한다."[6]

이로써 우리는 종교개혁자 루터에게서 중요한 교회의 원
리, 만인사제론과 은총의 원리를 발견한다. 우리가 아는 대
로, 루터는 베드로전서 2:9의 말씀 "너희는 왕 같은 제사장
들이다" 라는 구절을 인용하면서, 그리스도인들은 각자 하나
님 앞에서 제사장이라고 주장했다.

이제 그리스도인들은 각자가 담당하고 있는 삶의 영역에
서 복음을 선포하고, 이웃을 사랑으로 교화하여야 한다. 즉
루터는 더 이상 교황권을 인정하지 않았다. 아니 더 이상
인정할 수가 없었다. 하나님의 뜻을 바로 알게 되었기 때문

이다. 다시 말하면, 그리스도인들은 서로서로 죄를 꾸짖고 용서와 구원을 선언하고 화해시키기 위하여 부름 받았다고 했다.

그러나 과연 루터가 중세교회의 직분제도를 철저히 거부하였는가? 아니다. 그는 은총의 원리만이 아니라 제도의 원리의 유용성을 잘 알고 있었다. 만인사제론이 모든 신자들을 교회 안에서 평준화시킨 것은 아니다. 루터의 교회에는 엄연히/여전히 "직제"가 있었다. 소위 개신교의 4중직, 곧 목사, 장로, 집사, 교사의 직제다. 이 직제에 대하여 루터가 각각 어떤 생각을 했는지는 여기서 그리 중요하지 않다. 그러나 확실히 말해야 할 것은 종교개혁 시대에도 교회 안에서 신자들이 완전 평준화가 된 것은 아니라는 사실이다.

1. 천병욱, "교회 직제의 성서적 신학적 의미", *기독교사상* 1982년 11월호 p.22
2. Kasemann, "신의와 성례전" *복음주의 신학총서 제28권*, p.195
3. Kasemann, ibid., p.196
4. 이장식, "교회 직제의 역사와 성격" *기독교사상* 1982년 11월호, pp. 32-33
5. E.G Jay. "교회론의 역사" (대한기독교서회 1986), p.182
6. William A. Scott. [김쾌상 역] "개신교 신학 사상사" (대한기독교출판사 1988) p.33

2장

감리교회의 직분제도 변천과 그 이해

한인연합감리교회에서의 직분제도는 미국연합감리교회의 직분제도 변천과 한국감리교회의 직분제도 변천과정을 이해하는 데에서만 이해가 가능하다.

1. 미국연합감리교회의 직분제도 변천과정

미국에서의 초기 감리교회 운동에는 평신도의 활동이 아주 중요한 역할을 담당하였다. 영국감리교회는 미국에서 공식적으로 '교회'라는 기구를 형성하기 1년 전인 1783년에 이미 309명의 평신도 선교사를 미국에 파송하였다. 초기 감리교운동에는 영국에서보다는 미국에서 평신도운동이 더 활발하였던 것으로 보인다. 감리교회의 평신도들은 교회 내에서의 정치적 위치와 관계없이 "교회의 사명" 수행에 있어서 성직자들과 다름없이 적극적이었음을 말하는 것이다.

이제 연합감리교회의 직분제도를 살피려 함에 있어서 1984년 미연합감리교회가 새로 마련한 장정에 나오는 교회의 직제 구분을 따라 "말씀 사역자"와 "섬김 사역자"라는 범주를 사용해 보려고 한다. 이 장정은 그리스도인들의 직무를 셋으로 구분하였다. 즉 모든 그리스도인들의 "일반 사역직" (general ministry of all Christians), 하나님의 부르심을 받은 회중을 대표하는 "대표 사역직" (representative ministry of service), 그리고 전통적 의미의 성직자, 곧 "안수받은 자의 사역"을 가리키는 "특수 혹은 전문 사역직" (specialized ministry of the ordained)이 그것이다.

이와 같은 "미국연합감리교회의 삼중직제"는 전통적인 성직자/평신도라는 구분보다는 그 기본 신학에 있어서 훨씬 더 성서적이요 개신교적이라 할 수 있다. 왜냐하면 그 구분을 그리스도의 사역에 기초를 둔 평신도의 사역이 교회의 기반이라고 하는 면에서 직제를 이해하고, 신앙의 위임은 어느 특정 계급이 아니라 일차적으로 하나님을 믿는 "모든 신앙인들"에게 주어진다고 하는 개신교 전통에 따른 현대적인 적응이기 때문이다. 이러한 미국연합감리교회의 삼중구조를 염두에 두면서도 우리가 추구하고자 하는 직분에 대한 바른 이해를 위하여 "섬김과 사랑의 사역직"과 "말씀의 사역직"으로 구분하여 공부하고자 한다.

1) 말씀의 사역자

1884년의 장정에는 교회의 교역자 반열과 평신도 임원을 나누어 놓았는데, 교역자 (오늘의 성직자) 반열에는 감독 (Bishop), 감리사 (Presiding Elder), 목사 (Pastors), 설교자(Local Preacher)로 구분하고 있다.[1]

교역자 반열에 들어 있는 "설교자"는 "계삭회"에서 자격을 인준 받았고, 자격증을 받았다. 이들은 "평신도 설교자"(Lay Speaker)와 함께 감리교회의 선교에 중대한 공헌을 한 이들이다. 그런데 "설교자"에 대하여는 성직자와 평신도라는 이분법의 도식을 적용시키기가 곤란하다. 왜냐하면 성직자와 평신도의 구분은 "성례전 중심의 사고"에서 이해되고 있기 때문이다. 그런 의미에서 감리교회의 "설교자"들은 가톨릭교회의 수도자들처럼 어디까지나 평신도 사역자들로 이해할 수 있다. 그러나 다른 한편 그들은 "사역자"라는 의미에서 성직자의 대우를 받았다고 할 수 있다.

2) 섬김과 사랑의 사역자

초창기 미국감리교회의 "평신도" 임원들은 다섯 가지로 구분되어 있었다. 권사 (Exhorters), 속장 (Class Leader), 청지기 (Stewards), 재단이사 (Trustees), 교회학교장 (Superintendents of Sunday School)이다.

"권사"는 계삭회에서 자격증이 수여되며, 공중 앞에서 증거하거나 찬송을 부르는 일, 그리고 기도하는 일을 하였다. "요한 웨슬리는 누구도 자격증 없이 권사의 일을 감당하는 것을 원치 아니하였다."[2] 여기서 주목할 점은 계삭회에서 자격증을 갱신한 점이다. 이것은 교회의 평신도 자원 봉사직은 '영구직'으로 주어지는 것이 아니라, 계속 바뀜으로써 여러 사람이 동참할 수 있는 기회를 주었다는 의미이다.

"속장"의 직책은 개체교회의 설교자(담임자)가 임명하는 직임이었다. 요한 웨슬리는 이 직임에 대하여 말하기를 "이 것이야말로 우리 감리교회가 과연 구원을 위하여 일을 하는지 아니하는지 가장 쉽게 알 수 있는 것"[3]이라 하였던 만큼 가장 감리교적인 직임이라 할 것이다. 이들은 속회원들을 한 주에 한 번씩 만나며, 그들의 영혼을 위하여 권면하며 병자나 신앙의 길을 잘못 걸어가는 사람들을 목회자에게 보고하는 일을 하였다.

"청지기"는 계삭회에서 선출되었다. 이들은 "재정회의"에 참여하며, 목회자의 생활비를 책정하며, 이들 이외에 다른 이들은 예산에 들어있는 재정에 간여할 수 없었다. 그러므로 이 직임은 믿음의 상태를 아주 중요하게 보아야 했다.

"재단이사"는 교회 재산 전반에 대한 책임을 감당하여야 하였으며, 이들도 계삭회에서 선출되었다.

"교회 학교장"은 담임목사에 의히 추천되어 계삭회에서 선출되었다.

1889년 장정에는 각 평신도들의 책임에 대하여 좀 더 자세히 설명하고 있다. 권사에 대하여는 그 자격을 엄격히 강조하고 있음을 볼 수 있다: "누구든지 권사의 일을 하고 싶으면 그는 계삭회에서 인정되어야 하며, 개체교회의 천거가 없이는 자격증을 줄 수 없다."[4] 권사들이 하여야 할 일들에 대하여도 "목회자의 지도를 받으라"고 구체적으로 명시하고 있으며, 그들이 좀 더 관심을 두어야 할 일들에 대하여도 "부지런히 연습하며 자신들이 맡고 있는 지역이 정식 멤버가 되도록 노력하여야 한다"[5]고 했다. 이것을 보면, 감리교회의 권사는 성경에 나타나 있듯이, 작은 범위 내에서 사실상 목회자의 역할을 담당하고 있었음을 알 수 있다.

속장에 대하여는 그 권한을 한층 더 자세히 언급하고 있다: "속장은 그가 맡은 지역에 대하여는 마음 놓고 말하도록 하며, 속회를 인도하는 일에 있어서도 자신의 방법대로 하도록 허용하라"[6]는 것을 그 골자로 하고 있다.

청지기(Stewards)에 대하여는 "감리교의 교리에 대하여 알고, 그것을 사랑하는 자" 라고 함으로써, 청지기직은 감리교에 대하여 충성심과 자긍심이 매우 많은 사람이어야 함을 강조하고 있다. 특별히 이 청지기는 "목회자의 일에 대하여 잘못된 것이 있으면 충고도 하고, 목회를 위하여 자신들의 생각을 나누며, 교회에 필요한 재정 일체에 대하여 책임을 지며, 목회자의 생활에 대하여 책임을 져야 한다"[7]고 했다. 그리고 청지기직이 7명을 넘지 않도록 제한을 두고 있다. 또한 청지기 선정 기준을 "입교인 30명에 한 명을 선출하는 것과 담임목사에 의해서 천거"되어야 함을 명문화하고 있다. 나아가 '지방'에는 지방별로 지방의 청지기들이 있어서, "청지기 지방회"(District Stewards' Meeting)가 있었다. 그러나 미국감리교회의 초기에 청지기직이 있었다는 역사적 사실이 직분에 대한 중요한 면을 몇 가지 제공한다.

첫째, "청지기"라는 용어는 알고 보면 미국 초기 감리교회에 있던 청지기가 이미 한국감리교회의 장로직에 해당하는 직임이었음을 여러 모로 확인할 수 있다. 그 이유는 교회의 일반 재정은 물론이요, 구체적으로 목회자 생활에 대하여 책임을 진다는 점, 그리고 교인 30명에 1명을 선출하는 선정 기준 등은 한국감리교회의 장로직 이해와 기준에 정확히 일치하기 때문이다. 그러면서도 장로교회의 장로직처럼 교

장로 훈련 교재

회를 "다스리"는 직은 결코 아니었다는 점이다. 그러므로 오늘날 한국 또는 한인감리교회들이 장로직을 선택한다고 하는 단순한 사실 하나 때문에, 그 교회들이 감리교회의 "전통"을 이탈하였다고 말할 수는 없다.

둘째, 그런데 현재의 미국연합감리교회는 권사직을 송두리 채 제거하였을 뿐 아니라, 감리교회의 독특한 전통인 속장직과 청지기직을 유명무실하게 만들고 말았다는 점이다. "장정"을 보면, 여전히 속장과 청지기직을 두고 있으나, 현재 연합감리교회의 주요 직능은 여러 위원회들을 중심으로 운영되고 있음이 현실이다. 그리고 연합감리교회의 현재 "장정" 251단에는 매우 막연하게, "청지기라고 말할 수 있는" 평신도 임원을 구역회가 선정한다고 했으나, 그 이외의 어떤 규정에서도 청지기 "직임"을 다루고 있지는 않다. 단지 "청지기 위원장"의 책임 중 하나가 모든 교인들의 청지기 정신, 사명을 고취하는 것임을 밝히는 제262단 10, a항이 있을 뿐이다. 그러므로 우리는 1988년에 나온 한국어판 "장정"(김찬희 역편)이 개체교회의 청지기직을 모두 삭제한 사실을 충분히 이해할 수 있다. 즉 오늘의 미국연합감리교회에서는 청지기직을 포함한 과거의 평신도 사역직 전통이 완전히 사라지고, 전혀 새로운 "유급" 평신도 사역직이 그 자리를 대신하고 있다.

셋째, 청지기직을 최대한 7명으로 상정하고 있다고 하는 사실은 당시의 사회에서는 소위 "대형교회"의 최대 크기가 입교인 210명 정도였음을 간접적으로 말해 준다.

넷째, 그러나 이 모든 사실에도 불구하고, 현재 한국감리교회의 장로직은 결코 초기 미국감리교회의 청지기직에서 유래된 것은 아니라는 점이다. 이제 개체교회에서 어려움이 되고 있는 "장로직"에 초점을 맞추면서 한국감리교회의 직분제도의 역사를 간단히 살펴보자.

직분   21

2. 한국감리교회의 직분제도 변천과정

한국에 복음이 전래된 이래로 교회는 계속적인 발전을 거듭하여 왔다. 양적이든 질적이든 그 팽창과 함께 필연적으로 겪을 수밖에 없었던 문제가 바로 교회 내의 직임에 대한 것이었다. 어떻게 보면, 한국인의 심성에 자리 잡고 있는 유교적인 전통이나 관습이 하나님의 교회에서도 나타나고 있었다. 이러한 한국인의 심리를 이용하여 등장한 현 사회구조를 "관료적 권위주의" 라고 한상진 교수는 정의한다. 만일 오늘의 교회에서 직분 이해가 관료적인 입장에서 이해되거나 계급의식적인 면에서 이해되고 있다면, 교회는 과감하게 성서적 직분 "이해"를 회복하기 위하여 모든 노력을 아끼지 말아야 할 것이다. 바른 성서적 직분 이해는 바른 성서적인 교회관에서만 가능하다.

"교회의 직제는 모두 직분을 뜻하는 것인데, 그 직분은 종류를 막론하고 하나님의 말씀을 지키며, 그 말씀을 위하여 봉사하는 것을 의미한다."[8] 그러므로 오늘날의 교회의 평신도들의 직분이 전문적인 분야가 아니라 할지라도 "집사, 권사, 장로라는 교회의 직분들은 결국 하나님의 말씀을 지키며 그 말씀을 위하여 봉사하는 직분"임을 바로 이해하여야 한다. 이러한 사실을 한스 큉은 다음과 같이 지적하였다.

"신약성서에 의하면, '백성'에 대립되는 사제직이란 이미 존재하지 않고 온 새 백성이 사제단이 되었는데도 불구하고 지난 수세기 동안에 사제라는 이름이 거의 공동체 지도자들에게만 보유되고, 일반 사제직은 있다고 해봐야 고작 기억에 남아 있는 정도에 그치게 되었다."[9]

한국교회 직분제도의 변천과정은 대개 초기, 중기, 근대 등 세 부분으로 나누어 이해할 수 있다. 우선 전반적으로 직제에 대한 정확한 자료가 부족하기 때문에 자세하게 언급할 수 없음을 알려둔다.

1) 초기 (초창기부터 1943년까지)

이 시기는 한국교회가 미국북감리교회와 남감리교회의 장정을 그대로 옮겼음을 지적하고 싶다. 1910년의 장정을 보면 영어 제목인 "The Doctrine and Discipline of the Methodist Episcopal Church"에 "감리교 대강령과 규칙"이라고 되어있다. 즉 감리교회의 조직에 있어서 미국감리교회와 같았음을 알 수 있다. 그래서 교역자 계열에는 감독, 감리사, 목사, 주제전도사, 권사로 되어 있다.

2) 중기 (1943년부터 1974년까지)

이 시기는 한국교회가 일본 정부에 의해 영향을 받는 시기다. 1943년부터 일본이 당시의 조선 기독교파들을 통합하여 하나의 "교단"으로 만들려는 노력을 하였는데, 결국 1945년 7월 19일 한국의 교회들은 "일본기독교 조선교단"이라는 명칭 아래 강제 통합의 역사를 경험하게 된다.

이 과정에서 한국감리교회는 장로교회의 장로제도를 자동적으로 접하게 되었고, 그것을 그대로 고수하는 상태에 이르렀다는 말이다. 이러한 시각에서 본다면, 장로제도는 장로교가 사용하는 제도를 감리교회에서 무단복제한 것이나 마찬가지다. 무단복제라는 말을 쓰는 이유는 감리교회가 선교초기부터 걸어온 감독제에 대한 재고도 없이, 또는 장로제도가 교회론적으로 의미하는 것이 무엇인지 신학적 평가 없이 받아들였기 때문이다.

사실 1974년도 총회에서 장로 "안수제"를 채택하기까지는 감리교회의 장로제도는 이름만 바꾼 또 하나의 평신도 권위적 직분으로 등장한 것이다. 원래 장로교회에서 말하는 장로는 안수를 받음과 동시에 교회 내에서 "다스리는" 성직의 하나로 등장해 왔음을 알 수 있다.

3) 근대 (1974년 이후부터 지금까지)

이 시기는 일제 식민지의 한 잔재로서 해방과 더불어 한국감리교회에 등장한 "장로"제도가 독특한 역할이 없는 이름뿐이었다고 할 수 있다. 그러나 바로 이 공허한 직위의 장로제의 등장으로 인하여 한국감리교회는 수없이 많은 문제에 직면하게 되었다. 그 동안 명목만으로 존재하던 장로가 1974년 총회에서 "안수"까지 받도록 교회법안이 개정되고, 다른 한편으로, 감리교회에서 사용되던 종래의 유사, 탁사의 명칭이 "집사"라는 명칭으로 바뀌게 되었다. 1974년의 장정 개정위원회의는 각 분과별로 모이게 되었는데, 제2분과 위원회에서 취급된 교인과 본처 임원에 대한 개정안 보고는 간단했다: "장로 안수제를 채택한다. 속장제를 개편하여 집사제를 신설한다."는 것이었다.

3. 한인연합감리교회 직분제도의 변천과정

이민 초기의 교회들은 거의 감리교회에서 시작되었다. 하와이그리스도연합감리교회, 샌프란시스코한인연합감리교회, 나성한인연합감리교회는 대표적인 한인 이민교회의 초창기 교회들이다. 이러한 교회들은 대부분이 미국감리교회의 영향 아래 성장해 왔고 조직되었다. 따라서 미연합감리교회의 전통을 이어 그 행정구조 면에 있어서 "위원회제도" 아래서 반세기 이상을 자라왔다.

그러나 역사가 변하면서 한인감리교회도 1945년 이후에는 교회에 '장로'가 생기게 되었고, 1974년도에는 장로의 안수제와 집사제가 생기게 된 것에 영향을 받는다. 1965년 이후에 미국에 들어오기 시작한 이민자들의 수는 계속해서 늘어나면서 도처에 교회가 생기게 되었다. 이러한 자연발생적인 역사는 교회 내의 조직에도 영향을 미쳤다.

결국 "1976년 10월 17일 뉴욕에서 모인 재미한인연감감리교회 총회에서는 한인교회의 특성을 살리는 한편, 모국교회와의 유기적인 연속성을 유지하기 위하여 성품직제에 대한 연구회를 두어서 연구 사안을 다음 총회에 제출하기로 하였고, 1978년 총회에서는 연구우 원회의 성품직제안을 접수·통과하였다"고 보고하고 있다. 이때부터 미국에 있는 한인연합감리교회는 한국식 직제제도와 미국식 제도를 다 같이 인정하게 된다. 더구나 미국 땅에서는 교파를 초월하여 모이게 되므로 대부분의 사람들이 자신이 경험한 신앙의 삶을 선호하게 된 것으로 보아야 한다.

직분에 대한 위와 같은 역사적 이해 가운데 우리는 우리가 직면하고 있는 교회 직분에 접근해야 할 것이다. 교회에서 직분을 세우는 원리는 무엇인가? 성서적으로, 역사적으로 어떻게 유래되었는가? 그들의 사명은 무엇이었는가? 오늘의 교회에서는 어떻게 섬길 것인가? 하는 것들을 우리는 겸손히 생각해야할 것이다. 여기서는 실제적인 직분의 책임과 섬김의 자세에 초점을 맞추어 기술하고자 한다.

1. Hilary T. Hudson, *The Methodist Armor; Popular Exposition of the Doctrine, Peculiar, Usages, and Ecclesiastical Machinery of the Methodist Episcopal Church South.*
   (Nashville, 1884) p.148 (여기서 Presiding Elder에 대하여 12개 교회 내지 2개 교회를 책임지는 사람이라 정의하였으므로 '감리사'로 번역하였음.)
2. Hilary T. Hudson, ibid., p.154
3. Hilary T. Hudson, ibid., p.154
4. P.A. Peterson, *History of the Revisions of the Methodist Episcopal South* (Nashville, 1989) pp.67-68
5. P.A. Peterson, ibid., p.68
6. P.A. Peterson, ibid., p.68
7. P.A. Peterson, ibid., pp.69-70
8. 이장식, ibid., *기독교사상* 1982년 11월호 p.27
9. Hans Kung, 이홍근 옮김 *"교회란 무엇인가?"* 1978. p.218

3장

직분 세움의 원리

교회에서의 직분의 필요성이 시작된 것은 멀게는 구약의 출애굽기 18장에서 언급되는 출애굽한 모세의 행정체계로 거슬러 올라가야 할 것이고, 신약시대로 본다면 사도행전 7장에 언급되는 초대교회 사도들의 사역과 직접적으로 연관되어 있다. 에베소서 4장 11절과 12절의 "그리스도의 몸을 세우려 하심이라"는 말씀들을 근거로 볼 때에 직분을 세우는 근본의 원리는 다음과 같다.

첫째로, 하나님은 시대마다 필요한 사람을 통하여 일하신다는 것이다. 하나님의 손과 발이 되고, 입이 되어 일할 사람들을 세우신다는 말씀이다. 예수님도 동역할 제자들을 부르시어 그의 사역을 감당하셨다.

둘째로, 인격적인 사람됨이 일보다 우선이라는 점이다. 모세에게 충고한 그의 장인 이드로는 모세의 역할을 분담하여 재판할 사람들을 선정함에 있어서 갖추어야할 자격을 분명히 제시하였다. 하나님의 사역을 위하여 일이 우선이 아니라 영적으로 준비된 인격적 사람이 중요한 것이다. 그러므로 하나님은 "사람의 중심을 보신다"고 하셨다. 예수님은 이것을 마태복음 7장 15절 이하에 좋은 나무에 비유하셨다. 좋은 나무가 되어야 좋은 열매를 맺는 것이다. 하나님은 성령 안에서 거듭난 심령을 쓰신다.

셋째로, 일의 분담의 원리다. 사역에 동역함의 원리다. 또한 그리스도의 몸을 세움의 원리다. 교회는 1인 10역보다 10인 10역이 중요한 것이다. 직분 세움의 원리가 바로 설 때에 하나님의 교회는 더욱 바로 서며, 안정되어 하나님의 사역을 잘 감당할 것이다. 이 원리에 의하여 교회의 모든 직분자가 세워져야할 것이며, 모든 직분자들은 청지기의 원리와 정신 위에 서야 한다.

1. 청지기의 원리

이 땅의 모든 그리스도인들이 하나님의 청지기로서 맡겨 주신 삶을 잘 관리할 책임이 있다. 특히 교회에서 직분자를 선출할 때에는 청지기 원리에 충실해야할 것이다. 사도 바울은 모든 그리스도인들은 "그리스도의 일꾼"인 동시에 "하나님의 비밀을 맡은 자"임을 분명히 하였다.

1) 청지기는 하나님이 주인이심을 인정해야 한다. 천지가 다 하나님의 것임은 물론 나의 생명도, 소유도 하나님의 것임을 인정해야 한다. 에스겔서 18장 4절에 "모든 영혼이 다 내게 속한지라 아비의 영혼이 내게 속함 같이 아들의 영혼도 내게 속하였나니" 라고 하셨다. 학개서 2장 8절에는 "은도 내 것이요 금도 내 것이니라 만군의 여호와의 말이니라" 고 하셨다.

2) 직분자는 관리인임을 인정해야 한다. 창세기 1장 28절에 "하나님이 그들에게 복을 주시며 그들에게 이르시되 생육하고 번성하여 땅에 충만하라, 땅을 정복하라, 바다의 고기와 공중의 새와 땅에 움직이는 모든 생물을 다스리라" 고 하셨다. 우리 인간에게 맡기신 것이다. 우리에게 자연뿐만 아니라 우리의 시간, 재능, 은사와 주님의 교회까지 맡기셨다. 우리는 하나님의 관리인이다.

3) 직분자는 하나님의 청지기임을 인정해야 한다. 우리는 하나님의 청지기로서 주인이신 하나님을 위하여 하나님의 것을 관리한다는 것을 명심해야 한다. 직분자는 청지기로서의 섬김을 통해 오직 하나님의 영광이 드러나도록 감당해야 한다.

2. 청지기의 정신

1) 하나님의 위탁권을 인정하는 것: 청지기 정신의 가장 근본은 하나님이 위탁하셨음을 인정하는 것이다. 마태복음 25장 14절에서 말씀하시기를 "어떤 사람이 타국에 갈 때 그 종들을 불러 자기의 소유를 맡김과 같으니"라고 하셨다. 무엇이든 하나님이 내게 위탁하신 것이다.

2) 하나님의 회수권을 인정하는 것: 그러므로 위탁되어진 것은 언제고 회수될 수도 있음을 알아야 한다. 하나님께서 위탁한 것이면 하나님이 필요하실 때에 회수하셔도 기쁘게 내어드려야 한다. 욥은 자신의 재산을 잃은 후 고백하기를 "주신 자도 여호와시요 취하신 자도 여호와시오니…" 라고 하였다.

3) 하나님의 사용권을 인정하는 것: 하나님의 위탁권을 인정하며 하나님의 사용권도 인정하는 것이 청지기 정신이다. 다윗은 성전 지을 건축 재료들을 기쁨으로 드렸고 (역대상 29:14-17), 모세는 성막을 지을 때 백성들이 헌물을 가져오도록 하였다 (출애굽기 25:1-9).

4) 하나님의 평가를 인정하는 것: 언젠가 하나님이 모든 것을 평가하실 때가 있음을 인정해야 한다.

3. 청지기의 영역

나에게 속한 모든 것이 하나님께로부터 온 것들이다. 몸. 시간, 재물, 은사 등 모든 것이 그 영역이다.

4장
장로직분에 대하여

1. 장로직분의 성서적 배경

장로직분은 구약에서 그 근원을 찾을 수 있다. 원래 장로
는 히브리어의 "세브"에 해당하는 말로 "턱", "수염"을 의미
하는 어근에서 나왔다. 수염이 자란 어른을 지칭하는 말이
다. 장로는 씨족이나 부족, 또는 지역사회에서 권위를 행사
하였다. 그들은 공동체를 대표하며 유지하는 사람들이었다
(레 4:13-21; 신 21:1-9). 그들은 사법적인 역할뿐 아니
라, 제의적인 역할도 담당하였다 (신 19:2; 21:2-20; 출
24:1-2, 9-11 참조).

신약시대에 대표적 장로들의 기관은 장로 70인으로 이루
어진 유대인의 최고법정 기관인 예루살렘의 산헤드린이었
다. 신약성경에는 장로들에 대한 최초의 임명에 대한 기사
가 기록되지 않았다. 사도들은 예루살렘 교회가 급성장하자
효율적인 교회 관리와 치리가 요구되어 유대교 전통의 장로
직을 초대교회로 받아들였다. 사도행전에는 바울과 바나바
가 소아시아를 선교하면서 장로들을 임명했다는 기사(행
14:23)와 바울이 에베소 교회의 장로들을 만났다는 기록이
나온다 (행 20:17). 사도 바울은 새롭게 세워진 교회에 양
육과 지도와 감독을 위해 장로들을 세웠다 (행 20:28; 딛
1:5-7 참조).

2. 역사적 배경

성경이 말하는 장로는 평신도 직분보다는 개체교회 목회
자 직분이었다. 초대교회에서는 장로직과 감독직의 구분이
불분명하였다. 하지만, 2세기 이후 교회의 성직제도가 확립
되면서 교회들을 치리하는 감독제도가 생겼고, 장로는 감독
다음의 서열로 자리잡아갔다.

연합감리교회에서 이 전통이 남아 있어 안수 받은 정회원 목사를 장로 목사(Elders)라고 부른다. 오늘날 개신교에서는 목회자가 아닌 평신도로서의 장로를 말하고 있다. 연합감리교회가 채택하고 있는 평신도 장로 (이하 "장로") 직분은 이미 언급한 바 있다. 중앙 집권적 체제의 감리교회가 개체교회의 자치권을 어느 정도 인정, 보강하면서 생긴 직분이다. 한인연합감리교 전국연합회 평신도 신령상 직제 운영세칙에 따르면, 장로의 역할은 담임목회자를 도와 예배와 성례, 목회 사역보좌, 신앙생활의 모범 등 교회 성장의 초석이 되는 것으로 규정되어 있다.

3. 장로직분의 사명과 연합감리교 내에서의 역할 제시

장로는 목회자를 도와 교회 성장의 기둥 역할을 한다. 장로는 주님의 몸 된 교회가 양적으로, 영적으로 건강하게 자라는데 그 역할을 담당해야 한다. 그러므로 장로는 성도들의 지도자로 그들에게 신앙적인 면이나, 봉사 면에서도 섬기는 지도력의 모델이 되어야 한다. 장로는 예배와 성례와 목회 사역을 보좌하며, 교회의 대소사에 대하여 목회자에게 조언하는 역할을 감당할 수 있다. 장로들은 교회 행정의 중요한 부분을 담당할 수 있으며, 교회가 하나님의 뜻을 이루는 데 바로 설 수 있도록 치리와 권면을 할 수 있다. 성도들을 직접 심방하거나 성경공부를 지도할 수 있을 것이다. 특히 속회에서는 영적인 지도자로서 속장들을 관리하고 섬기는 일을 할 수 있을 것이다.

나가는 말

신약성경과 교회사를 통하여 연구된 바에 의하면, 교회 내의 직제는 어느 특권층만이 소유할 수 있고 지배할 수 있는 "신분"이나 "지위"는 결코 아니다. 단지 우리 주 그리스도의 사역, 즉 섬김의 사역을 실천하기 위하여, 하나님께서 교회라는 공동체를 통하여 각자에게 내리시는 "은사" (카리스마)이다. 즉 봉사(디아코니아)의 카리스마, 이것이 신약성서가 가르쳐 주고 있는 직제에 대한 기본 이해이다.

그런데 이와 같은 섬김의 은사로서의 직제는 교회가 커지고, 제도화되면서 점차로 3-4세기 이래로 계급 또는 위계질서로 변질되는 불행을 겪게 되었음을 알 수 있다. 그러나 그럼에도 불구하고 교회의 역사가 말해 주는 중요한 교훈은 교회가 결코 일방적으로 고정된 제도를 주장하지도 시행하지도 않았으며, 적어도 그 기본 의지에 있어서는 교회의 머리되시는 예수 그리스도의 사역에 보다 효율적으로 동참하려는 것이었다는 점을 명심해야 한다.

제Ⅱ부
성경

나구용 목사

장로 훈련 교재

사복음서

들어가는 말

우리는 마태복음, 마가복음, 누가복음, 요한복음을 사복음서라고 부른다. 이 사복음서는 모두 예수님을 그려 놓은 책들이다. 이 네 개의 복음서들은 같은 예수님을 그리고 있지만, 같은 내용들을 다루는 부분도 있고, 한 복음서에는 나타나는데 다른 복음서에는 전혀 나타나지 않는 특별한 내용들을 다루는 부분들도 있다.

같은 내용에는 세례 요한에 대한 이야기, 예수께서 제자들을 부르시는 이야기, 치유 이야기, 오병이어 이야기, 예수님과 당시 종교 지도자들 사이에 있었던 논쟁 이야기, 예수께서 예루살렘에 입성하시는 이야기, 십자가에서 달려 돌아가시는 이야기, 부활 후 빈 무덤을 찾아가는 이야기, 그리고 부활 후 예수께서 제자들에게 나타나시는 이야기 등 같은 이야기들이 있다.

그러나 예수님에 대한 같은 내용들을 사용하면서도 전달하는 과정에서는 다른 점들이 많이 있다. 특히 한 복음서에는 들어 있는데 다른 복음서에는 전혀 들어 있지 않은 특별한 내용들을 사용하여 복음서마다 각각 다르게 예수님을 그리고 있는 부분들도 있다. 네 개의 다른 각도에서 예수님을 묘사하였기 때문이다. 한 사람의 얼굴을 사진으로 찍는데 앞쪽, 뒤쪽, 오른쪽, 왼쪽에서 찍어 놓은 얼굴 모습과 같다고 생각하면 이해하기 쉽다.

사복음서는 기록한 저자들도 다르고, 이 글들을 받아 읽는 수신자들도 다르며, 기록한 목적들도 서로 다르다. 그래서 서로 다른 예수님의 모습을 종합해서 한 장의 그림을 만들어 이해하려 하기보다는 복음서가 보여주는 그림 하나하나를 독특하게 이해하는 것이 예수님을 더 올바르게 이해할 수 있는 방법이라 할 수 있다. 사복음서는 역사적인 책들이지만, 예수님의 생애와 예수께서 사역하신 것들만을 기록해 놓은 책들이 아니다. 사복음서는 예수님이 그리스도(메시아)이심을 증거하려고 씌어진 책들이다. 예수님이 구세주이심을 믿게 하고, 우리가 영생을 얻도록 씌어진 책들이다.

그러면 예수님이 구세주이시라는 뜻은 무엇인가? 첫째로, 그것은 예수님이 우리를 죄에서부터 구원해 주셨다는 뜻이다. 인간은 죄인이다. 죄인은 스스로 자신이 가지고 있는 죄의 문제를 해결할 수 없다. 마치 수영을 못하는 사람이 물에 빠져 들어갈 때, 본인이 아무리 애를 써도 물속으로 빨려 들어가는 자신을 구원해 낼 수 없는 것과 같다. 남이 물에서 건져줄 때만 구출될 수 있다. 구원도 같은 맥락에서 생각할 수 있다. 나 스스로가 해결할 수 없는 죄의 문제를 예수께서 우리의 죄를 용서해 주셨기 때문에 구원받게 된 것이다. 예수님이 내 대신 죄의 값을 치러주셨기 때문에 나는 죄에서 해방을 맛보게 된 것이다.

둘째로, 예수님이 구세주라는 뜻은 이제부터 나의 주인은 "내"가 아니고 "예수님"이 나의 주인이시라는 뜻이다. 이제까지는 내가 내 마음대로 살았지만, 이제부터 나는 예수님 마음을 따라 살아가겠다고 고백하는 말이다. 예수님을 나의 주인으로 모시고 살 때에, 우리는 영생을 얻게 되는 것이다. "영생"이란 시간적으로 영원히 사는 것만을 의미하기보다는 예수님과 새로운 삶을 사는 것을 의미하는 말이다. 단 한 시간을 살아도 예수님을 주인으로 모시고 살면, 그 순간이야말로 영원을 맛보게 되는 만족감을 갖게 된다는 뜻이다.

세상의 가치 기준에 따라 살아가면, 우리는 밑 빠진 독에 물 붓는 것처럼 만족감 없이 살 수밖에 없다. 그러나 예수님을 나의 주인으로 모시고 살게 되는 순간, 나는 만족하며 살게 되는 것이다. 나의 영혼의 갈증이 해결되기 때문이다.

인간은 빵으로만 살 수 있는 존재가 아니다. 인간은 하나님의 말씀이 있을 때만 만족하게 살 수 있는 영적인 존재이다. 예수님이 바로 우리 인간의 구세주가 되심을 증거하기 위하여 씌어진 책들이 사복음서이다.

사복음서를 두 종류로 구분하여 공부하면 복음서들을 이해하는데 큰 도움이 된다. 마태복음, 마가복음, 누가복음을 한 묶음으로 보고, 요한복음을 따로 구분하여 보는 것이다. 우리는 마태복음, 마가복음, 누가복음을 "공관복음"이라 부르고, 요한복음을 "제4복음서" 라고 부른다. 공관복음서와 제4복음서의 차이점은 아래와 같다.

공관복음은 다음과 같은 것에 강조점을 두고 있다.
•"하나님 나라"에 강조점을 두고 있다.
•예수님을 "인자(사람의 아들)"로 나타내고 있다.
•초대교회의 초창기의 모습을 보여주고 있다.
•영적인 하늘의 의미를 나타내고 있다.
•예수님의 가르치심을 길게 기록하고 있다.

그런가 하면 제4복음서인 요한복음은 다음과 같은 것에 강조점을 두고 있다.
•예수님 개인에 강조점을 두고 있다.
•예수님을 "하나님의 아들"로 나타내고 있다.
•초대교회의 후반기의 모습을 보여주고 있다.
•영적인 하늘의 의미를 나타내고 있다.
•예수님의 가르치심을 길게 기록하고 있다.

사복음서에 있는 내용들을 한 눈에 볼 수 있도록 도표를 그려본다. 이 도표를 보면 공관복음과 요한복음이 얼마나 서로 다른가를 알아볼 수 있다.

장로 훈련 교재

사복음서에 기록되어 있는 공동 내용				
내용	마태복음	마가복음	누가복음	요한복음
세례 요한	3:1-2	1:1-8	3:1-20	1:19-28
예수님이 세례받음	3:13-17	1:9-11	3:21-22	
시험	4:1-11	1:12-13	4:1-13	
갈릴리 선교	4:12-17	1:14-15	4:14-15	
나사렛에서 거절당하심	13:53-58	6:1-6	4:16-30	
베드로의 장모 병 치유	8:14-17	1:29-34	4:38-41	
나병환자 치유	8:1-4	1:40-45	5:12-16	
중풍병자 치유	9:1-8	2:1-12	5:17-26	
레위인을 부르심	9:9-13	2:13-17	5:27-32	
금식	9:14-17	2:18-22	5:33-39	
안식일 문제	12:1-8	2:23-28	6:1-5	
손 마른 사람 치유	12:9-14	3:1-6	6:6-11	
12제자를 선택하심	10:1-4	3:13-19	6:12-16	
씨 뿌리는 자 비유	13:1-23	4:1-20	8:4-15	
진정한 예수 가족	12:46-50	3:31-35	8:19-21	
폭풍을 잠잠케 하심	8:23-27	4:35-41	8:22-25	
귀신들린 사람 치유	8:28-34	5:1-20	8:26-39	
야이로의 딸과 혈루증 환자	9:18-26	5:21-43	8:40-56	
12사도 파송	10:5-15	6:7-13	9:1-6	
세례 요한의 죽음	14:1-12	6:14-29	9:7-9	
오병이어	14:13-21	6:30-44	9:10-17	6:1-14
베드로의 고백	16:13-21	8:27-30	9:18-20	
예수의 수난예고와 부활	16:21-23	8:27-30	9:18-20	
산상변화	7:1-13	9:2-13	9:28-36	
더러운 귀신 고침	17:14-21	9:14-29	9:37-43	
두 번째 수난예고와 부활	17:22-23	9:30-32	9:44-45	
누가 크냐?	18:1-5	9:33-37	9:46-48	
예수와 바알세불	12:22-32	3:19-30	11:14-23	
표증을 구함	12:38-42	8:11-13	11:29-32	
겨자씨 비유	13:31-32	4:30-32	13:18-19	
어린이를 축복하심	19:13-15	10:13-16	18:15-17	

사복음서에 기록되어 있는 공동 내용				
내용	마태복음	마가복음	누가복음	요한복음
부자 청년	19:16-30	10:17-31	18:18-30	
세 번째 수난예고와 부활	20:17-19	10:32-34	18:31-34	
소경 바디매오	20:29-34	10:46-52	18:35-43	
예루살렘 입성	21:1-11	11:1-10	19:28-40	12:12-19
권위에 대한 질문	21:23-27	11:27-33	20:1-8	
포도원 비유	21:33-46	12:1-12	20:9-19	
가이사의 것은 가이사에게	22:15-22	12:13-17	20:20-26	
다윗의 아들	22:41-46	12:35-37	20:41-44	

장로 훈련 교재

1장

공관복음서의 문학적 관계

마태복음, 마가복음, 누가복음에는 같은 내용들이 많이 들어 있다. 그래서 "같이 혹은 함께 본다는" 의미에서 이 세 복음서들을 공관복음이라고 부른다. 그러면 공관복음에는 왜 같은 내용들이 많이 들어 있는 것일까? 그 이유는 각 복음서 저자들이 책을 썼을 때, 자기들 나름대로 참고할 만한 자료를 공유하고 있었기 때문이다. 복음서 중에 제일 먼저 씌어진 책은 마가복음이다. 그러므로 마태와 누가가 복음서를 썼을 때에, 그들은 마가복음을 참고 자료로 사용하였다. 그러한 이유 때문에 마가복음에 기록되어 있는 많은 양의 내용들이 마태복음과 누가복음에 기록되어 있다.

그러나 마가복음에는 없는 내용들이 마태복음과 누가복음에만 나타나는 내용들이 있다. 그 내용들을 성경학자들은 "Q" (큐) 라고 부른다. 또한 마태복음에만 있는 내용이 있고, 누가복음에만 있는 내용이 있다. 이러한 문학적인 관계를 도표로 보면 이해가 쉽다.

공관복음의 자료관계

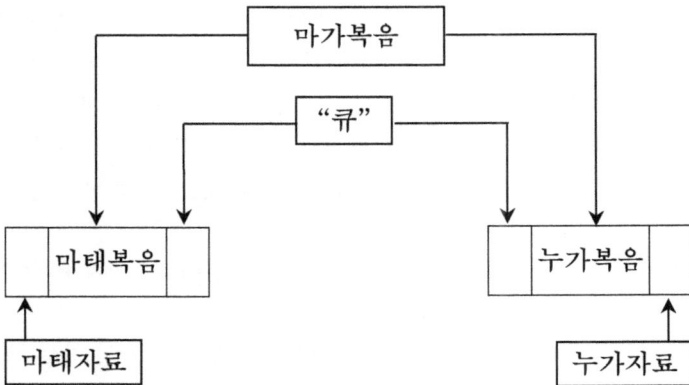

1. 마가가 증거한 예수: 고난 받으시는 하나님의 아들

마가복음은 네 복음서들 중에 제일 먼저 씌어진 책이며, 예수님을 고난 받으시는 하나님의 아들로 나태내고 있다 (1:1, 11; 9:7; 14:61-62; 15:39). 마가는 예수님을 하나님의 아들로 말하고 있지만, 다윗과 같은 정치적인 왕으로서의 아들을 말하지는 않는다. "인자가 온 것은 섬김을 받으려 함이 아니라 도리어 섬기려 하고 자기 목숨을 많은 사람의 대속물로 주려 함이니라" (10:45).

예수님은 그리스도(기름부음을 받은 왕)이시다. 그리고 하나님이시고 왕의 신분을 가지고 계시지만, 그는 자신을 인자 (사람의 아들) 라고 부른 분이시다. "인자"라는 용어는 고난을 받아야 할 것을 함축하고 있는 용어이다. 다시 말해서, 마가는 고난 받으시는 하나님의 아들로 예수님을 말하고 있다. 예수님은 고난을 통해서 세상을 구원하려고 이 땅에 오신 분이라고 마가는 증거하고 있는 것이다.

마가는 그의 복음서에서 예수님 안에 숨겨져 있는 하나님의 영광을 나타내고 있다. 다시 말해서, 예수님이 지니고 계신 신적인 요소들이 사람들로부터 숨겨져 있는 것으로 나타내고 있다. 그러한 이유로 인하여 마가복음에서는 사람들이 예수님을 보고 "이 사람이 도대체 누구이냐?" 라는 식으로 묻고 있다. 더러운 귀신 들린 사람이 묻기를 "예수여 우리가 당신과 무슨 상관이 있나이까…나는 당신이 누구인줄 아노니 하나님의 거룩한 자니이다" (1:24), 예수님을 반대하는 적들도 (3:22), 예수님의 제자들도 (6:45-52), 이방인들도 (5:1-20), 나사렛 동네 사람들도 (6:1-6), 모두 예수님이 누구이냐? 라고 질문을 하고 있다.

마가는 지금 우리에게도 똑같이 "예수님이 당신에게 누구이시냐?" 라고 묻고 있다.

마가는 "주는 그리스도시니이다" (8:29 하반절) 라는 베드로의 고백을 통해서 예수님이 그리스도이심을 증거한다. 그러나 예수님은 제자들에게 내가 그리스도임을 아무에게도 말하지 말하고 하신다. 왜냐하면 사람들이 예수님을 정치적인 구원자로 잘못 인식할 것이기 때문이다. 마가가 증거하고 있는 예수님은 다니엘 7:21에 예언되어 있는 "인자"로서 세상을 구원하시는 메시아이시다 (8:31; 15:39).

마가는 사람들이 예수님의 정체어 대해 오해하고 있는 사실을 나태내기 위해서 8:31-39; 9:30-37; 10:32-45에서 예수님을 오해하고 있는 제자들의 모습을 기록하고 있다. 예수께서 고난을 받고, 죽게 될 것이며, 사흘 만에 다시 살아날 것을 예고하셨을 때, 제자들은 세 번 모두 예수님의 생각과는 전혀 다른 세상적인 모습만 보여주었다. 베드로는 그러시지 말라고 예수님을 말렸으며 (9:33), 다른 제자들은 예수님의 높은 보좌 오른편 왼편에 앉는 일에만 관심을 두고 있었다 (10:2-37). 제자들은 예수님이 고난 받으실 하나님의 아들이심을 깨닫지 못하고 있었다.

마가는 십자가에서 고난을 당하신 예수님을 강조하고 있다. 또한 예수님의 사역이 고난을 통한 구원사역인 것 같이, 예수님을 따르는 제자직분도 고난을 통해서 사역해야 하는 것임을 강조하고 있다.

마가는 아마 로마에서 네로에게 고난 받고 있는 기독교인들을 생각하며 마가복음을 썼을 것이다. 네로는 54-68년까지 황제로서 로마를 통치했으며, 64년 이후 기독교인들을 탄압한 황제였다. 그로 인해 많은 기독교인들이 죽임을 당했다. 마가는 이렇게 고난 받고 있는 교인들에게 십자가를 지고 예수님을 따라갈 것을 말하며, 세상에 지지 말고 승리하라고 권면하고 있는 것이다. 마가는 예수님이 세상적인 권력으로 다스리시는 정치적인 왕이 아니시라, 고난 받으시는 하나님의 아들이심을 나타내고 있다.

2. 마태가 증거한 예수: 왕으로서의 메시아

마태복음은 이스라엘 역사 속에서 약속되었고 기대하고 있던 메시아로서의 예수님을 나타내고 있다. 그래서 마태는 유대의 전통을 언급하면서, 구약의 예언이 성취된 기사들을 많이 기록하고 있다. 마태복음은 다른 세 복음서가 기록하고 있는 구약의 예언들 외에 10개의 예언 성취를 더 기록하고 있다 (1:22-23; 2:15; 2:17-18; 2:23; 4:14-16; 8:17; 12:17-21; 13:35; 21:4-5; 27:9-10).

마태복음은 하나님이 약속하신 다윗 왕조의 계보에서 나온 왕으로서의 예수님을 증언하고 있다. "아브라함과 다윗의 자손 예수 그리스도의 계보라" (1:1). 또한 마태는 "다윗의 자손이여 우리를 불쌍히 여기소서" 라는 눈먼 사람의 외침을 통해서 (9:27), "이는 다윗의 자손이 아니냐" 라는 군중의 외침을 통해서 (12:23), 가나안 여인을 통해서 (15:22), 예루살렘 입성할 때 군중들의 입을 통해서 (12:9), 그리고 성전 안에 있던 어린아이들을 통해서 (21:15) 예수님이 다윗의 계보와 관련되어 있는 약속의 성취자로 나타내고 있다.

마태가 대상으로 삼고 있는 사람들이 주로 유대인들이었지만, 이제 막 교인이 된 이방인들도 염두에 두고 그의 복음서를 썼다. 예수님의 사역이 먼저는 유대인들을 상대로 한 것이었지만, 모든 나라들을 위한 사역이었음을 말하고 있다. 마태는 예수님을 유대인만을 위한 왕이 아니라, 세상의 왕으로 소개하고 있다. 마태복음은 다섯 가지 예수님의 교훈을 주제로 삼아 복음서를 기록하고 있다.

1) 하나님 나라의 법 (5—7장)

예수님은 산상수훈에서 기독교의 교리를 가르치고 계시는데, 말로만 가르치는 것이 아니라 말씀대로 사는 본을 보여주고 계시다. 예수께서 말씀하신 팔복은 그리스도에게 속한 이들이 지녀야 하는 질적인 삶의 내용들이다. 이러한 내용은 법으로 강요해서 되는 것이 아니라, 성령께서 역사하심으로 가능해지는 것이다. 이 내용들은 성령의 열매들과 그 질이 같다 (갈라디아서 5:24).

2) 하나님 나라의 확장 (10:5-42)

예수님은 하나님 나라를 선포하려고 열두 제자를 파송하셨고, 누구든지 하나님 나라를 위하여 일하라고 선교를 가르치고 계신 것이다.

3) 하나님 나라의 비밀 (13:1-52)

예수님은 일곱 개의 비유를 들어 하나님 나라가 비밀리에 이루어지고 있음을 나타내고 계시다. 마치 작은 씨가 자라듯이 예수님 안에서 하나님 나라가 오고 있다. 이러한 영적인 눈을 갖고 있는 사람들에게는 예수님의 비유들이 이해될 것이나, 그렇지 못한 이들에는 이 비유들이 이해할 수 없는 수수께끼로 남게 될 것이다.

4) 하나님 나라에서의 교제 (18:1-35)

하나님 나라에서 제일 큰 사람은 겸손한 이라고 말한다. 예수님의 자세는 곧 겸손이었다. 그러므로 교회는 지도자들과 교인들이 스스로 겸손할 때, 올바른 질서가 바로 잡히는 것이다. 이것이 진정한 제자도이다.

5) 하나님 나라의 완성 (24:1—25:46)

예수님은 세상의 종말과 자신의 재림을 말씀하시면서 항상 깨어있으라고 경고하셨다. 하나님 나라를 받아들이지 않는 모든 사람들은 심판을 받게 될 것이다. 마태복음 저자는 그의 복음서 맨 마지막 두 절에서 위에서 말한 다섯 가지 내용들을 종합하고 있다.

> "그러므로 너희는 가서 모든 민족을 제자로 삼아 아버지와 아들과 성령의 이름으로 세례를 베풀고 내가 너희에게 분부한 모든 것을 가르쳐 지키게 하라 볼지어다 내가 세상 끝날까지 너희와 항상 함께 있으리라 하시니라" (28:19-20).

3. 누가가 증거한 예수: 온 세상을 위해 오신 참 하나님이시오 인간이신 구세주

누가복음에서는 예수님이 참 하나님이시자 참 인간이이시며, 세상 모든 사람들을 사랑하시는 구세주이시다. 누가는 모든 세상을 위해 오시는 예수님을 시므온의 고백을 통하여 소개한다. 시므온은 아기 예수를 이방에 비추는 빛이요, "그가 큰 자가 되고 지극히 높으신 이의 아들이라 일컬어질 것이요 주 하나님께서 그 조상 다윗의 왕위를 그에게 주시리라" 라고 소개하고 있다 (누가복음 1:32).

누가에게는 유대인이나 이방인이나 차별이 없다. 누가복음 3장에서 누가는 예수님의 족보를 그의 부친 요셉으로부터 시작하여 유대인의 조상 다윗과 아브라함에서 그치지 않고, 인간의 조상인 아담에게까지 연결 짓는다 (3:23-38). 또한 누가복음을 끝맺을 때에도 "그의 이름으로 죄 사함을 받게 하는 회개가 예루살렘에서 시작하여 모든 족속에게 전파될 것"이라고 기록하고 있다 (24:47).

누가는 그 당시 유대 사회로부터 죄인으로 취급받아 버림받고 있던 세리들 (18:9-14; 19:1-10), 사마리아인들 (10:25-37; 17:11-19)에게 특별한 관심을 보일뿐만 아니라, 연약한 여인들과 어린아이들에게도 특별한 관심을 기울이고 있다. 누가는 이방인들과 사회로부터 버림받은 연약한 이들을 위해서 복음서를 기록하고 있다. 누가가 이 책을 쓴 것도 이방인인 데오빌로에게 예수님의 복음을 전하기 위해서 썼다고 분명하게 말하고 있다. "…무릇 예수께서 행하시며 가르치시기를 시작하심부터 그가 택하신 사도들에게 성령으로 명하시고 승천하신 날까지의 일을 기록하였노라" (사도행전 1:1-2). 누가는 유대인과 이방인과 특별히 가난하고 억눌림 받는 이들을 구원하기 위해서 이 땅에 오신 구세주로 예수님을 증언하고 있다.

4. 사도 요한이 증거한 예수:
하나님 아버지로부터 보냄을 받은 자

요한복음에서는 여러 가지 다양한 명칭들을 사용하여 예수님을 묘사하고 있다. 요한복음 1장 안에서만도 "말씀"으로부터 시작하여, "하나님의 어린 양"으로, "메시아"로, "하나님의 아들"로, "이스라엘의 왕"으로, "빛으로," "인자"로 예수님을 부르고 있다. 그러나 요한복음에서 이 모든 명칭 가운데에서 가장 두드러지게 나타나는 이름은 "하나님께로부터 보냄을 받은 사람"이라는 명칭이다. 이 명칭은 예수님 스스로가 자신을 나타내시는 명칭이다. "나의 양식은 나를 보내신 이의 뜻을 행하며 그의 일을 온전히 이루는 이것이니라" (4:34). "내 말을 듣고 또 나 보내신 이를 믿는 자는 영생을 얻었고" (5:24). "하나님께서 보내신 이를 믿는 것이 하나님의 일이니라" (6:29). "나를 보내신 이가 나와 함께 하시도다 나는 항상 그가 기뻐하시는 일을 행하므로 나를 혼자 두지 아니하셨느니라" (8:29)."아버지께서 나를 보내신 것 같이 나도 너희를 보내노라" (20:21).

예수님은 "아버지"를 위해서 말하고, 행동하는 분이시다. 예수님은 세례 요한 같이 단순한 예언자의 권위를 지니고 계신 분이 아니라, 아버지의 권위를 지니고 계신 분이시다. 예수님은 하나님의 말씀을 전하시는 분이 아니라, 말씀 그 자체이시다. 예수님은 진리를 나타내시는 분이 아니라, 진리 그 자체이시다. 예수님은 생명의 빵을 주시는 분이 아니라, 생명 그 자체이시다. 예수님은 하나님의 빛을 전하는 자가 아니라, 빛 그 자체이시다. 이러한 내용들이 "나는—이다" (I Am) 라는 표현을 통하여 나타나고 있다: "나는 생명의 떡" (6:51); "나는 세상의 빛" (8:12); "나는 양의 문"(10:7); "나는 선한 목자"(10:11); "나는 부활이요 생명" (11:25); "나는 길이요 진리요 생명" (14:6); "나는 참포도나무"(15:1).

2장
사복음서의 주제들

1. 예수님의 탄생 이야기

예수님의 탄생 이야기는 마태복음과 누가복음에만 기록되어 있다. 마태복음과 누가복음에 공통된 내용의 탄생 기사들이 기록되어 있지만, 또한 다른 점들도 있다. 탄생 기사에 대한 공통 내용으로는 예수님이 성령의 능력으로 처녀 마리아에게 잉태되셨다는 것, 아기의 이름을 예수라 하라는 것, 예수라는 이름의 뜻은 구세주이시라는 것, 예수가 베들레헴에서 탄생할 것을 예고한 것, 그리고 나사렛에서 자라날 것이라는 내용이 기록되어 있다.

그러나 차이점도 많이 있다. 동방박사 이야기는 마태복음에만 기록되어 있다 (마 2:1-12). 마태는 예수님의 족보를 아브라함에까지만 연결을 지었으나 (마 1:1-17), 누가는 아담에게까지 연결을 짓고 있다 (눅 3:23-38). 마태는 예수님을 다윗의 자손으로 나타내어 예수님 안에서 예언이 완성되었음을 말하고 있으나, 누가는 마리아의 찬양을 통해서 예수님의 탄생을 인간을 구원하기 위하여 하나님이 직접 참여하시는 사건으로 나타내고 있다. "그의 팔로 힘을 보이사 마음의 생각이 교만한 자들을 흩으셨고 권세 있는 자를 그 위에서 내리치셨으며 비천한 자를 높이셨고 주리는 자를 좋은 것으로 배불리셨으며 부자는 빈 손으로 보내셨도다" (누가복음 1:51-52). 누가는 세상을 다스리는 자는 세상의 황제 가이사가 아니라, 예수님이심을 선포하고 있는 것이다.

마가복음에는 예수님의 탄생 이야기가 없고 예수님이 세례를 받으러 요단 강으로 가시는 것부터 기록되어 있다. 요한복음에도 예수님의 탄생 이야기가 없으며, 예수님의 시작을 창조 이전 태초에 두고 있다 (요한복음 1:1-18).

2. 예수님이 오실 것을 예비하는 요한

마가는 이사야서 40:3에서 예언된 예언의 성취로 세례 요한을 말한다 (막 1:3). 또 말라기 3:1에 예언된 종말에 나타날 예언자로 세례 요한을 말한다 (막 1:2). 마가는 세례 요한을 엘리야로 보면서 예수님을 영접하기 위하여 사람들의 마음을 돌이켜 세울 자로 말하고 있다 (막 1:4; 6:15). 다시 말해서, 마가는 예수님의 오심을 준비하게 하는 마지막 때의 예언자로 세례 요한을 말하고 있다.

마태는 마가보다 더 확실하게 요한을 엘리야로 보며, 하나님 나라가 가까웠으니 회개하라그 마지막 때를 경고하고 있다 (마 3:2; 4:17). 마태는 구약에 나타났던 예언자들과 같이 예수님을 보지 않고 하나님 나라를 선포하는 사람으로 요한을 보고 있다. "세례 요한의 때부터 지금까지 천국은 침노를 당하나니 침노하는 자는 빼앗느니라" (마 11:12).

누가복음은 요한이 메시아의 전주자로서 메시아의 왕국을 알리는 자로 나타낸다. 예수님은 요한보다 위대하신 분이심을 나타내고 있다.

제4복음서인 요한복음은 공관복음에서 설명하고 있는 세례 요한의 모습과 전혀 다르게 그를 묘사하고 있다. 요한복음 1장에서 세례 요한은 말씀이신 예수님을 증거하는 자로 설명되고 있다. 말씀이신 예수님은 하나님이시지만, 요한은 사람이다. 예수님은 하나님과 함께 계셨지만, 세례 요한은 하나님으로부터 보냄을 받은 종이다. 말씀이신 예수님은 빛이시지만, 세례 요한은 그 빛을 증거하는 자로 온 것이다. 요한복음은 세례 요한을 메시아도 아니요, 엘리야도 아니며, 예언자도 아니고, 단순히 광야에서 외치는 소리에 불과했다. 요한복음은 예수님을 하나님 아버지와 함께 계셨던 말씀으로 말하고 있으며, 세례 요한은 땅에서부터 온 사람으로 엄연하게 구별 짓고 있다.

3. 하나님 나라

예수님은 가이사 황제와 헤롯 대왕이 다스리는 곳에 오셔서 하나님의 통치를 선포하셨고, 이 통치를 "하나님 나라"라고 하셨다. 예수님의 말씀과 사역 모두는 하나님 나라와 연관되어 있다. 공관복음의 공동 주제는 "하나님 나라"이다. 공관복음에서는 "하나님 나라"가 100번 이상 언급되었으나, 요한복음에선 단 두 번만 언급되었다 (요 3:3, 5). 요한복음은 "하나님 나라" 라는 단어 대신에 "삶" 혹은 "영생"이라는 단어를 사용한다. 예수님이 오신 목적은 모든 사람들에게 생명을 주시기 위함이었다. "내가 온 것은 양으로 생명을 얻게 하고 더 풍성히 얻게 하려는 것이라" (요 10:10).

공관복음에 나타난 "하나님 나라"는 하나님의 통치를 받고 사는 삶을 말한다. 이것은 세상적인 삶과 다르게 사는 삶을 말한다. 성경은 죽음 후에 있을 하나님 나라에 대해서도 말하고 있다. 그러므로 하나님 나라는 이 땅 위에서도 실현되는 실제이며, 동시에 장래에 완성될 실제이다. 하나님 나라는 예수님과 함께 시작되었고, 예수님이 재림하실 때에 완성될 것이다. 하나님 나라는 적은 누룩과 같아서 처음에는 보이지 않아도 결국에는 볼 수 있게 될 것이다.

예수님은 우리가 하나님 나라에 들어가려면 회개해야 한다고 말씀하신다 (막 1:15; 마 4:17). 회개란 지금까지 내 뜻대로 살던 모습을 버리고 하나님을 신뢰하며 하나님을 향하여 가며 사는 삶을 뜻한다. 예수님은 인간들을 죄에서 구원하실 자로 오신 것이다 (마 1:21). 예수님은 빚진 자를 용서하시는 왕으로 (막 18:21-35), 크고 작은 빚을 탕감해 주시는 채권자로 (눅 7:41-43), 죄를 용서해 달라고 기도하는 세리의 죄를 용서해 주시는 분으로 (눅 18:13) 오신 것이다. 죄 사함을 받은 것은 하나님 나라가 이미 이 땅에서 이루어지기 시작했다는 증거이다.

장로 훈련 교재

4. 예수님의 비유

공관복음에는 많은 비유들이 수록되어 있다. 왜냐하면 공관복음의 주제는 "하나님 나라"이기 때문이다. "천국은 마치 사람이 자기 밭에 갖다 심은 겨자씨 한 알 같으니" (마 13:31). "하나님 나라는 사람이 씨를 땅에 뿌림과 같으니" (막 4:26). 천국은 "마치 여자가 가루 서 말 속에 갖다 넣어 전부 부풀게 한 누룩과 같으니라" (눅 13:21).

요한복음에는 "하나님 나라"보다는 예수님의 정체성을 주제로 삼고 있기 때문에 비유가 없다. 그 예로 공관복음에서는 선한 목자와 잃은 양이 비유로 나타나 있지만, 요한복음에는 예수님 자신이 선한 목자이심을 보여주고 있다.

예수님은 하나님 나라를 비유로 들어 선포하신다. 교회는 여러 가지 방법으로 이 비유들을 해석해 왔다. 비유를 도덕과 신학적인 교훈을 찾는 예화로 이해하기도 했고, 이야기의 부분들을 하나씩 떼어서 설명하는 알레고리로 이해하기도 했다. 또 비유를 이해하려 할 때 어떤 한 가지 뜻을 전달하기 위한 것으로 보기도 했으나 오늘날 우리는 비유를 은유로 본다. 은유란 우리가 이미 알고 있는 사물을 들어 잘 알지 못하고 있는 실제를 설명하는 문학적인 방법이다. 우리의 일상생활의 이야기를 통해서 하나님 나라를 깨닫게 해주는 것이다. 예수님의 비유 안에서 우리는 세상적인 지혜의 삶을 부수고 하나님 나라의 지혜에 따라 살게 되는 것이다.

5. 기사와 이적

기사와 이적이 복음서에 기록되어 있는 이유는 예수님이 하나님의 아들이시며, 메시아이시며, 그를 통하여 사람들을 향하신 하나님의 마음을 표현하기 위해서이다. 하나님으로부터 분리되어 의미를 상실하고 살아가는 인간들을 하나님이 뜻하신 자녀로 회복시켜 주시고, 하나님 나라 안에서 사는 모습을 보여주기 위해서이다. 그래서 기사와 이적 사건 속에는 예수님의 생애, 죽음, 부활이 담겨 있고, 하나님 나라가 가까이 임했다는 사실을 선포해 준다. 하나님 나라의 삶을 이루기 위해서 예수님은 먼저 사탄의 나라를 부수어 뜨려야 하셨다. 모든 이적은 사탄을 물리치고, 그 대신 하나님 나라를 수립하는 데 그 목적이 있는 것이다. "내가 하나님의 성령을 힘입어 귀신을 쫓아내는 것이면 하나님의 나라가 이미 너희에게 임하셨느니라" (마 12:28).

예수께서 기사와 이적을 행하신 이유는 하나님 나라가 임했음을 선포하고 계시기 때문이다. 중풍병자를 고쳐주신 예수님의 행위는 그 병자의 육신의 병을 고쳐주는 것일 뿐만 아니라, 그를 하나님의 자녀로 회복시켜 주는 것이기도 하다 (막 2:1-12; 마 9:1-8; 눅 5:17-26). 예수께서 파도를 잠잠하게 하신 기사는 자연까지도 다스리시는 하나님의 통치를 나타내는 것이다 (막 4:35-41; 마 8:23-27).

죽었던 나사로를 살리신 이적은 요한복음에만 기록되어 있다. 나사로를 살린 이적에서 요한은 사탄의 권세를 꺾고 하나님 나라를 세우는 일보다는 예수님의 신성을 나타내고 있는 것이다. 나사로를 죽음에서 살리신 것은 그것으로 끝나는 사건이 아니다. 이 이적을 통해서 하나님께 영광을 돌리고, 또한 하나님의 아들이 영광을 받게 하기 위함인 것이었다. "이에 그 누이들이 예수께 사람을 보내어 이르되 주여 보시옵소서 사랑하시는 자가 병들었나이다 하니 예수께서 들으시고 이르시되 이 병은 죽을 병이 아니라 하나님의 영광을 위함이요 하나님의 아들이 이로 말미암아 영광을 받게 하려 함이라 하시더라" (요 11:3-4). 그러므로 누구든지 예수님을 믿으면 영생을 얻게 되는 것이다.

6. 제자직

마가복음이 말하는 진정한 제자직은 세상의 가치 기준을 따르는 것이 아니라, 예수님을 따르는 것이다 (막 8:31; 9:31; 10:32-34). 진정한 제자직은 하나님의 뜻대로 사는 것인데, 복음을 위하여 자신의 생명까지도 내어 놓는 것이며, 소유를 포기하는 것이며, 작은 자가 되는 것이며, 모든 사람의 종이 되는 것이다.

마태복음이 말하는 진정한 제자직은 하나님의 율법을 지키는 것이다. 그 율법을 지키는 데는 바리새인들 같이 지키는 모습과 예수님 같이 지키는 두 가지 모습이 있다. 예수님의 제자들은 바리새인들보다 더 의로워야 한다 (마 5:33-37; 5:43-48). 그러나 이러한 의는 자신의 노력으로 성취할 수 있는 것이 아니라, 예수께서 따라오라고 부르실 때에 순종하고 따라 가면 얻게 되는 선물이다.

누가복음이 말하는 진정한 제자직은 기도가 동반되는 것이다. 기도로 구하는 자에게 하나님은 성령을 부어 주셔서 제자의 삶을 살 수 있도록 능력을 주신다 (눅 11:9-13). 예수님도 제자들을 위해서 기도하셨다 (눅 22:31-32). 예수님은 제자들에게 어떻게 기도해야 하는 것을 가르쳐 주셨다. 그것이 주기도문이다 (눅 11:2-4).

요한복음은 예수님의 사역이 12장에서 끝나고, 13-17장에는 예수님과 그의 제자들 간에 있었던 대화가 있다. 예수님은 제자들의 발을 씻어 주시며 스스로 섬김의 본을 보여 주셨다 (13:1-17). 예수님은 서로 사랑하라고 부탁하셨다 (13:34-35). 예수님은 제자들을 혼자 내버려 두지 않으시고, 성령을 보내주겠다고 말씀하셨다 (14:15-26). 그리고 예수님은 제자들에게 늘 예수님 안에 거할 것을 말씀하셨다 (15:1-8). 예수님은 세상이 그들을 미워할 것이나 두려워하지 말고 하나가 되라고 말씀하셨다 (15:18-17:23).

7. 종말을 예시하는 언어

세상의 마지막을 예언하는 표현들은 일상용어와 다르다. 마태복음 24장과 마가복음 13장과 요한계시록은 종말의 언어를 사용한다. 이 종말에 대한 언어들은 환상과, 하늘에서 들려오는 음성과, 하늘에서 별이 떨어지고 지상에서는 재해가 일어나는 언어들이 많이 사용되고 있다.

초대교회 교인들은 세상의 종말을 기대하며 생활하였다. 그들은 그들의 눈물을 닦아주고 다시는 고통과 사망이 없는 세상의 종말을 기대하며 생활했다.

마가복음 13장은 종말의 언어들을 사용한 좋은 예가 되는 부분이다. "난리와 난리의 소문을 들을 때에 두려워하지 말라" (막 13:7). "형제가 형제를, 아버지가 자식을 죽는 데에 내주며 자식들이 부모를 대적하여 죽게 하리라" (13:12). "그 때에 유대에 있는 자들은 산으로 도망할지어다" (13:14 하반절), "그 때에 어떤 사람이 너희에게 말하되 보라 그리스도가 여기 있다 보라 저기 있다 하여도 믿지 말라" (13:21).

초대교회 교인들은 이러한 혼돈된 세상을 심판하려 오시는 심판자 예수님을 고대하고 있었다. 그러나 단순히 유대교에서 말하는 세상의 파멸과 관련된 종말을 말하였다고 보기보다는 하나님이 예수님 안에서 이루신 인간 구원의 말씀, 즉 복음에 중점을 두고 있었다. 그들은 종말을 하나님께서 예수님 안에서 벌써 시작하셨고, 그리고 그 종말을 예수님 안에서 이루어가고 계신 구원의 완성으로 말하고 있다.

소묵시록이라고 알려진 마가복음 13장에서는 유대문학이 말하는 종말의 모습을 찾아볼 수 없다. 예를 들면, "거룩한 전쟁," "흩어졌던 모든 유대인들이 한 곳에 모이는 것," "예루살렘이 수도로서 다시 이룩될 것," "이방인들 위에 유대인들이 승리자로서 일어설 것이라"는 내용들이 없다.

장로 훈련 교재

8. 마지막 만찬

마가복음에서는 마지막 만찬이 유월절 식사로 되어 있다. 예수님은 전통적인 유월절 식사 때에 떡을 가지사 축복하시고 떼어 제자들에게 주시며, "받으라 이것은 내 몸이니라"고 말씀하셨다. "또 잔을 가지사 감사 기도 하시고 그들에게 주니 다 이를 마시매 이르시되 이것은 많은 사람을 위하여 흘리는 나의 피 곧 언약의 피니라"고 축사하셨다. (막 14:12-26).

마태복음에서는 예수께서 죽음을 향하여 담대히 행진해 나가시는 모습을 마지막 만찬에서 보여주고 있다. 그리고 동시에 마태복음은 예수님의 죽으심이야말로 우리의 죄를 용서해 주시기 위한 것임을 강조하고 있다. 그렇기 때문에 제자들은 예수님의 가르치심을 순종하며 따라야 할 것을 말하고 있다 (마 26:17-30).

누가복음은 마가복음과 마태복음보다 마지막 만찬을 세 배나 더 길게 쓰고 있다. 하나님 나라가 지금부터 시작되며, 세상 끝 날에 가서 완성될 것이라고 말한다. 누가는 유다의 배반과 제자들 간에 서로 누가 크냐를 놓고 서로 다투는 것을 기록하면서 예수님과 같이 서로 섬기는 자가 되라고 말하고 있다 (눅 22:7-23).

요한복음은 공관복음과 조금 다른 측면에서 마지막 만찬에 대하여 이야기하고 있다. 요한복음에서는 예수님의 사역 말기보다는 복음서 중간 부분인 13장에 마지막 만찬이 나타나고, 예수께서 제자들의 발을 씻어 주시는 것이 첨가되어 있다. 요한복음에는 공관복음이 중심으로 삼고 있는 말씀인 "내 살을 먹고 내 피를 마시라" 라는 말씀 대신에 제자들의 발을 씻어주시는 것이 중심으로 되어 있다. 공관복음에서는 마지막 만찬을 행하셨지만, 요한복음은 예수님 자신이 마지막 만찬이 되신 것이다 (요 13:1-20).

9. 십자가

예수께서 달려 돌아가신 십자가는 고대 지중해 지역에서 널리 사용되던 처형 방법이었다. 십자가 위에서 죽임을 당한다는 것은 말할 수 없는 고통을 가해주는 처형 방법일 뿐만 아니라, 대단히 수치스러운 것이었다.

마가는 예수님이 고난 받으시는 여호와의 종으로 말하면서 예수님의 고난을 구원의 사건으로 강조한다. 그 이유는 지금 박해 받고 있는 그리스도인들로 하여금 고난을 잘 참고 견디어 예수님 같이 승리하라고 전하기 위함이다.

마태는 예레미야의 예언을 들어 예수님이 무죄하시면서 많은 사람들의 대속물이 되시기 위하여 피 흘리신 것으로 기록했다. "너희가 나를 죽이면 반드시 무죄한 피를 너희 몸과 이 성과 이 성 주민에게 돌리는 것이니라 이는 여호와께서 진실로 나를 보내사 이 모든 말을 너희 귀에 말하게 하셨음이라" (예레미야 26:15). "인자가 온 것은 섬김을 받으려 함이 아니라 도리어 섬기려 하고 자기 목숨을 많은 사람의 대속물로 주려 함이니라" (마 20:28).

누가 또한 예수님의 무죄하심을 말했다 (눅 23:47). 누가는 무리들이 예수님을 빌라도에게 고발한 내용을 가지고 그의 무죄를 선포한다. 무리들의 고발에 의하면, 예수님이 백성들을 미혹했다는 것이고, 로마에 세금을 내지 말라고 선동했다는 것이고, 자칭 왕 그리스도라고 했다는 것이다 (눅 23:2). 그러나 누가는 예수님의 십자가야말로 구원의 목적을 성취하기 위한 것이라고 기록한다.

요한복음에서는 예수님이 자발해서 십자가를 지시는 것으로 십자가 사건을 기록한다. 공관복음서에서는 구레네 시몬이 예수님 대신에 십자가를 지는 기사들이 기록되어 있지만, 요한복음에서는 예수님 자신이 직접 십자가를 지고 골고다로 가신다.

10. 부활

구약이 출애굽 신앙을 기초로 하여 모든 책들이 씌어졌다고 한다면, 신약은 부활 신앙을 기초로 하여 신약성경 전체가 씌어졌다. 사복음서도 부활 신앙에 입각해서 씌어진 책들이다

부활은 하나님의 존재를 증명하여 줄 뿐만 아니라, 예수님의 신성을 증명하여 주는 사건이다. 부활은 예수님의 정체성을 총체적으로 말하여 주는 하나님의 사건이다. 부활은 지식으로 증명되는 것이 아니라, 체험으로 입증되는 신앙이다.

마가복음 16장에 있는 예수님의 부활 기록을 보면, 열두 제자들과 세 여인들이 예수님의 부활을 제대로 깨닫지 못하고 있다. 마가는 사람들이 예수님을 하나님의 아들로 깨닫지 못하고 있다는 사실을 기록하고 있다. 마가는 그의 독자들을 향해서 이제는 예수님을 따르는 제자들로서 십자가의 고난을 받아야 한다고 말한다. 그러면 너희들도 예수님 같이 새로운 삶을 다시 살게 될 것이라고 말하고 있는 것이다. "누구든지 자기 목숨을 구원하고자 하면 잃을 것이요 누구든지 나와 복음을 위하여 자기 목숨을 잃으면 구원하리라" (막 8:35).

마태복음 28장에 있는 예수님의 부활 기사에서 마태는 마가의 내용 위에 무덤을 지키는 군병들의 기사와 예수님의 위대한 파송의 말씀을 첨가하고 있다. 무덤을 지키는 군병의 이야기는 예수님의 시체를 훔쳐갔다는 소문을 근거가 없는 소문이라고 말하기 위함이며, 제자들을 파송하는 기사는 부활하셔서 세상 가운데 사시는 예수님을 나타내기 위함인 것이다.

누가복음 24장에 있는 예수님의 부활 기사는 엠마오로 가고 있는 두 청년의 이야기를 (눅 24:13-35) 통하여 믿음으로 가는 길이야말로 그리스도 증심의 설교와 성만찬을 통해서 가는 길임을 말하고 있는 것이다. 엠마오로 걸어가

고 있던 제자들은 부활하신 예수님을 알아보지 못하였다. 누가는 예수님 자신이 성경을 강해해 주시고, 떡을 떼어 주시면서 자신을 나타내심으로 제자들이 부활하신 예수님을 깨닫게 된 것을 기록하고 있다, 누가는 예수님의 부활을 예배 안에서 깨닫게 됨을 말하고 있는 것이다. 예수께서 엠마오로 가던 두 제자와 동행하셨듯이, 우리가 예배를 드릴 때마다 우리와 함께 하신다. 성경을 그들에게 풀어주실 때 그들이 뜨거운 마음을 체험하였듯이 성경말씀을 읽을 때마다 우리의 마음 문이 열려진다. 제자들이 부활하신 예수님과 식탁에 함께 앉았듯이, 성만찬을 통하여 우리도 예수님을 만날 수 있다. 예수님이 엠마오의 두 제자를 세상으로 보내셨듯이, 예수님은 우리를 세상 속으로 보내신다.

요한복음의 모든 내용을 하나로 묶어 주는 것은 예수님이 생명을 가지고 오신다는 것이다. 병자를 고치시는 것도, 배고픈 자를 먹이시는 것도, 보지 못하는 자의 눈을 뜨게 해 주시는 것도, 나사로를 죽음에서 살리신 것도, 모두 생명을 주시는 예수님의 사역을 나타내고 있는 것이다. 십자가에 높이 들리시는 것도 세상의 모든 사람들을 예수님에게 이끌기 위한 승리의 표식이지 실패의 표식이 아니었다 (요 12:32-33). 요한복음이 씌어질 때는 이미 예수님의 부활을 목격했던 모든 증인들이 다 죽은 후였다. 그래서 요한은 보지 않고 예수님을 믿는 것이 보고 믿는 것보다 더 귀한 믿음이라고 의심 많은 도마의 이야기를 통해서 강조하고 있는 것이다 (요 20:27).

사복음서가 서로 다르게 부활을 설명하고 있지만, 교회의 고백은 단 한 가지로 일치하고 있다. 주님이 다시 사셨다는 것이다.

11. 삼위일체이신 하나님

마가복음은 고난 받으시는 하나님의 아들로서 예수님을 증거하면서 그가 하나님과 하나되심을 말한다. 마태복음은 예수님이 구약에서 예언하던 메시아라고 말한다. 누가복음은 예수님이 가장 연약한 자들을 보살피시기 위하여 참 인간으로 이 땅에 오신 하나님으로 말한다. 사복음서는 이렇게 하나님이 인간을 구속하시기 위해 인간의 몸으로 이 세상에 오신 분이심을 증언하고 있다.

그러면 예수님과 성령님과의 관계는 어떤 것일까? 우리가 알아야 할 것은 하나님은 영이시라는 사실이다 (요 4:24). 하나님과 예수님은 한 영이시다. "하나님이 보내신 이는 하나님의 말씀을 하나니 이는 하나님이 성령을 한량 없이 주심이니라" (요 3:34). 이 말씀에서 우리는 하나님과 하나님이 보내신 예수님과 성령님이 하나인 것을 알 수 있다.

하나님의 "영"과 "예수님의 영"은 한 영이신 "성령"이시다. 예수님이 이 세상을 떠나시면서 제자들에게 약속하셨다.

> "…내가 떠나가는 것이 너희에게 유익이라 내가 떠나가지 아니하면 보혜사가 너희에게로 오시지 아니할 것이요 가면 내가 그를 너희에게로 보내리니…그러나 진리의 성령이 오시면 그가 너희를 모든 진리 가운데로 인도하시리니 그가 스스로 말하지 않고 오직 들은 것을 말하며 장래 일을 너희에게 알리시리라 그가 내 영광을 나타내리니 내 것을 가지고 너희에게 알리시겠음이라 무릇 아버지께 있는 것은 다 내 것이라 그러므로 내가 말하기를 그가 내 것을 가지고 너희에게 알리시리라 하였노라" (요한복음 16:7, 13-15).

성령이 말씀하시는 것은 하나님 아버지의 모든 것이 다 예수님의 것이라는 사실이다. 그래서 우리는 하나님 아버지와 아들로서 나타나신 예수님과 성령 안에서 아버지와 아들의 모든 것을 말하는 성령님이 하나이심을 고백하는 것이다.

제Ⅲ부
교회

이성호 목사

장로 훈련 교재

A. 강의 요점

교회는 무엇인가? 어떤 역사를 가지고 발전해 왔는가? 그리고 어떤 신학적인 의미가 있는가? 이 세 가지 질문을 검토해 보고 오늘날의 우리들의 교회의 발전 방향을 생각해 보는 것이 이 부분의 요점이다.

B. 강의 내용

이 교회에 대한 이해는 특별히 은준관 박사님의 저서인 *실천적 교회론*(서울: 기독교 서회, 1999)을 소개하는 것이다.

1장
역사적으로 살펴본 교회의 모습

1. 구약시대

구약에 나타난 하나님의 백성의 모임의 역사는 세 단계로 나누어 볼 수 있다. 첫째 단계는 출애굽부터 가나안 정복까지의 사건들 속에서 형성된 이스라엘 민족 공동체의 출현을 들 수 있다. 둘째 단계로는 왕정정치의 출현과 함께 나타난 제도적 교권주의의 등장을 들 수 있다. 세 번째 단계는 예언운동을 통한 회개의 호소를 들 수 있다.

출애굽 사건에서 태동된 이스라엘 민족 공동체는 역사-종말론적 공동체였으며 하나님은 이런 공동체에 세상을 대변하는 '제사장 나라'가 되고, 성별된 삶을 살아야 하는 "거룩한 민족"으로서 역사 속에서 하여야 할 사명을 주셨다. 이런 관점에서 제사와, 쉐마, 그리고 사역은 기능이 아니라 이스라엘 공동체의 존재론적 양식이요 표현이었다.

그러나 예루살렘 성전이 거대한 종교 중심지가 되는 순간부터 이스라엘 공동체의 실천들은 사실상 왕실 제사장들의 점유물로 전락하였다. 이러한 변질에 대하여 예언자들은 왕들의 불신앙을 규탄하기도 하고 허구적인 성전 신학과 거짓 예언에 민족의 미래를 의존하는 왕실과 민족 전체를 비판하기도 하였다. 포로기 이후의 예언은 시내 산 언약을 다시 기억함으로써 하나님과의 약속을 회복하는 데 있었다. 그러므로 구약에 나타난 하나님의 백성의 모임의 역사를 통해 얻을 수 있는 두 가지 교훈은 언약의 백성이 언젠가는 타락한 백성이 될 수 있다는 경고와 신앙 공동체는 끊임없이 예언의 소리를 통하여 개혁되고 새로워져야 한다는 사실이다.

2. 신약시대

신약 에클레시아로서의 교회 정체성은 예수 그리스도와 그가 선포한 하나님 나라와의 관계 안에서만 드러날 수 있다. 신약에서의 교회 정체성은 "예수님의 죽음과 부활 사건에서 역사에 돌입한 우주적인 하나님의 통치를 분별하고 경험하고 이에 응답하고 나선 하나님의 백성 공동체" (역사-종말론적 공동체) 라고 정의할 수 있다.

예루살렘 교회는 날마다 집에서 떡을 떼고, 기도에 힘쓰고, 사도의 가르침에 경청했던 종말론적 소망을 담은 가정과 공동체적인 표현양식인 코이노니아, 기도와 예배, 교육과 설교를 통하여 구현하고자 했던 하나님의 새 백성 공동체였다. 이 공동체는 숱한 박해와 좌절 속에서도 역사 속에 현존하는 우주적 공동체로 변해갔고, 그들의 공동체적 표현양식은 사도 계승이 아니라 사도와 예언자, 교사와 병 고치는 자 등 성령의 은사에 따라 그리스도의 몸을 이룬 공동체적 사역으로 나타났던 것이다.

3. 교회 역사 속에서 변형된 교회의 모습

성경적인 역사-종말론적 공동체로서의 교회로부터 교권주의적 교회로 변모하기 시작한 것은 넓은 의미에서 교부시대로 보는 것이 교회 역사가들의 일반적인 해석이다. 존 녹스는 2세기에 등장한 단일 감독제(Monepiscopacy)를 교회 변형의 전환기로 본다. 단일 감독제의 출현은 그리스도의 재림의 지연, 유대교와 로마 제국의 박해, 영지주의 같은 이단설의 등장에 대처하기 위한 필요 때문이었다.

그러나 클레멘트가 제창한 사도의 우위성과 사도 계승은 교권주의를 등장시킨 기초가 되었고 (주후 2세기), 이그나시우스의 삼중직론, 이레네우스의 사도 계승론, 시프리안의 교회밖에는 구원이 없다는 교리와 감독 정통성을 통해 제사장으로서의 사제와 평신도로서의 신자의 구별은 초대교회처럼 단순한 은사의 구분이 아닌 직제 구분이 되어 버렸다. 어거스틴은 교회를 본질상 하나님의 도성으로 보았다. 그것은 무형적이며, 신비적이며, 성령의 교제이며, 그리스도의 신부라고 정의하였다. 이것은 또한 지상의 교회로부터 구별되는 것이라고 하여 지상의 교회는 이리와 양이 공존하는 혼합된 몸으로 보았고, 타락의 가능성도 있다고 보았다.

주후 9세기의 그레고리 7세, 13세기의 이노센트 3세, 14세기의 보니파스 7세로 이어지면서 교황권은 사도 계승의 신학을 근거로 절대화 과정으로 이어졌다. 1215년 제4차 라테란 공회의에서 제정한 성만찬의 화체설은 로마 가톨릭교회의 성례전주의의 근거가 되고, 1302년에 발표된 칙령(Unam Sanctam)은 영적인 칼과 세속의 칼을 소유한 교황의 절대권을 인정하면서 로마 가톨릭교회의 교권적-제도주의는 절정에 이르게 되었다.

이에 대항하여 종교개혁을 일으켰던 마틴 루터는 교회를 성도의 교제로서 정의했다. 성도의 교제로서의 교회의 정체성은 올바른 말씀선포와 올바른 성례전의 실천이라는 회중의 현존성을 통하여 드러나는 것이라고 주장한 것이다. 이보다 더 과격하게 반발한 재세례파의 교회 이해는 하나님 나라를 소망하는 신자들의 자발적인 협의체로 보고 전적인 훈련과 헌신을 전제로 하는 신앙 공동체로 규정하고, 또 철저하게 실천하였다. 그러나 종교개혁의 교회 이해는 종말론이 약화된 탈종말론적이 되었으며, 재세례파의 교회에 대한 이해는 역사적 차원이 결여된 탈역사화가 문제였다.

20세기에 들어와 1910년 에딘버러 회의를 계기로 태동된 세계교회협의회와 1962년 로마 가톨릭교회의 바티칸 제2공의회, 1968년 웁살라에서 모였던 제4차 세계교회협의회에서 내놓은 교회에 대한 이해는 가히 혁명적이라고 할 수 있다. 제2바티칸 공의회는 2000년 역사를 통해 표현된 로마 가톨릭교회의 최초의 자기비판의 의미를 담은 선언을 하였는데, 이에 의하면, 교회의 신비성은 제도성과 교권 안에 있는 것이 아니라, 예수 그리스도 안에서 오고 있는 하나님 나라를 선포함으로써 시작된다고 선언하고, 교회는 종말론적으로 순례하는 하나님의 백성이라고 표현한다.

1968년 웁살라 대회는 하나님 선교신학이 주제였는데, 선교의 주체를 교회로부터 하나님께로 돌렸으며, 하나님의 구원의 터를 교회에서 세계로 확대하였다. 그렇게 됨으로써 교회를 노아의 방주로 삼아 구원을 독점해 오고 있는 것 같은 교권적 위치로부터 하나님과 세계 사이의 증언 공동체로 그 선교적 위치를 전환시켰다. 이 패러다임의 전환은 교권적-제도적 교회로 변질되어온 모든 개신교회를 세계 지향적-선교적 교회로 바꾸는 틀을 마련하는 공헌을 하게 되었다. 다만 하나님 선교신학의 한계와 약점은 지상에서 이루어진 이상적인 사회를 하나님 나라와 동일시하고, 하나님이 주인이 아니라 사람들의 노력으로 역사가 이루어지는 것과 같은 역사 내의 운동으로 머무는 것이 약점이다.

2장
성경적인 교회의 모습

역사적으로 변천되어온 교회는 역사-종말론적 공동체로서 하나님의 통치 안에서 끊임없이 변혁되는 공동체이며, 동시에 역사 안에 현존하면서 하나님의 역사 변혁에 참여하는 변혁하는 공동체이다.

1. 성경적인 교회의 특징

이러한 교회의 특징은 1) 하나님 나라 중심적, 2) 역사 지향적, 3) 헌신과 증인 공동체적 구조를 가지게 된다. 이것이 성경적 교회의 모습이다. 이러한 교회의 구조는 공동체적 구조를 가지게 되는데, 예배와 설교를 포함하지만 동시에 성례전, 교육, 코이노니아, 그리고 섬김과 봉사 어느 하나 경홀함 없이 균형 잡힌 구조를 가지게 된다.

2. 성경적인 교회의 사역

예배는 하나님 나라와 그의 뜻을 분별하고 응답받는 사건이며, 역사 안에서 하나님 나라를 증언하고 헌신하는 하나님 백성의 공동체적 결단과 사건이다.

•설교는 설교자가 회중에게 주는 메시지가 아니라, 예수 그리스도를 통하여 역사에 심판과 은총으로 오셔서 이 역사를 재구성해 가시는 하나님의 통치를 선포하는 행위로 이해된다.

•성례전은 신비적인 경험이 아니라, 하나님 나라 잔치를 미리 맛보며, 하나님 나라의 축하 행위에 참여하는 것이다.

•코이노니아는 성도 간의 교제를 넘어서서 하나님 나라 증언을 위한 작은 공동체로 구조화됨을 의미한다.

•선교는 교회가 하는 모든 봉사와 선교 프로그램이 아니라 (업적 중심), 하나님의 역사 변혁에 참여하는 하나님의 백성의 섬김이 된다.

3. 성경적인 교회의 구약적인 근거

구약에 나타난 모든 사역의 유형들은 그것들을 미래를 보는 자, 나실인, 사사, 예언자, 제사장, 왕으로 나타났지만 모두가 하나님으로부터 선택되고 기름부음 받아 세워졌던 특수한 부르심이고 직임이었다. 그러한 특수한 사역들은 그 자체에 목적이 있거나 독자적으로 계급화 된 사역이 아니라, 하나님과 이스라엘 공동체와의 관계 안에서만 그 의미를 갖는 사역이었다.

이스라엘 민족의 근원으로서의 하나님의 사역은 세계를 창조하시고 섭리하는 일과 이스라엘을 선택하는 언약으로 나타났으며, 선택된 이스라엘의 사역은 자신만이 아니라 하나님 앞에서 전 세계와 모든 민족을 대변하는 (원심적) 예배와 섬김으로 나타났고 (이스라엘의 제사장직), 여기서 이스라엘은 정체성(구심적)을 찾았다 (거룩한 나라).

구약에 나타난 사역의 중심은 이스라엘뿐만 아니라, 세계와 모든 민족을 창조하시고 (심판과 은혜로) 경륜하시는 이는 하나님이시며, 하나님의 우주적-주권적 통치가 장차 모든 민족을 하나의 회중으로 시온에 모으시는 종말론적 회중의 소망 안에서 이스라엘 민족의 사역은 원심과 구심 사이를 통합해야 하는 것이었다.

바로 이 하나님의 우주적-통치적-종말론적 구도 안에서 삼중직(예언자, 제사장, 왕)으로 불리는 사역은 하나님과 이스라엘, 그리고 세계 안에서 안주하고 정착하는 위치가 아니었다. 오히려 그것은 "오고 있는 하나님 심판"을 선포하는 예언자 사역, 말씀을 전하는 제사장적 사역, 섬김을 통해 하나님의 왕되심과 하나님의 백성을 봉사해야 하는 왕권적 사역으로 이해되었다.

4. 성경적인 교회의 신약의 근거

신약성경에서 교회는 그리스도의 몸으로 이해한다. 그렇기 때문에 교회는 예수님의 인격의 존재론적인 표현이며, 그것은 하나님 나라의 현존으로 이해하고 있다 (C. K. Barrett). 즉 예수님의 존재론적 표현은 하나님 나라를 선포하고 교육할 뿐 아니라, 그 자신이 하나님 나라의 종말론적 현존이었다 (autobasileia).

예수님의 설교는 임박한 하나님 나라의 선포임과 동시에 하나님 나라의 현존이었던 자신에 대한 증언이었다. 예수님의 교육은 하나님 나라의 비전을 깨닫고 분별하게 하는 것이었으며, 동시에 하나님 나라의 현존인 자신의 구원사역을 깨닫게 하는 것이었다. 이적과 치유는 하나님 나라가 인간의 지각과 권력을 넘어서서 역사 안에 도래한다는 징표였다.

이것을 이어받은 사도들의 사역은 위임받은 사역이 아니라 종말론적인 사역이었고, 12사도뿐 아니라 초대교회 전체가 종말론적인 사역에 동참하는 것으로 이해한다. 초대교회의 사역은 하나님 백성 모두가 참여하는 공동체적인 사역이었고, 부르심과 은사의 사역이었다. 다만 신약에 나타난 사역을 디아코니아로 보는 입장(존 녹스)에서는 사역을 섬김으로 보아서 권위주의와 교권주의를 극복할 수 있지만, 동시에 만인 평등의 이름으로 은사의 구분마저 무시하여 무정부주의로 빠지는 위험성을 피할 수 없다. 그래서 사역은 직(office)만도 아니고, 기능(function)만도 아니라, 예수 그리스도의 성육신과 존재론적 표현양식으로 이해되어야 한다 (제임스 스마트).

5. 성경적인 교회의 회복

 이처럼 변형된 교회의 모습과 성직자와 평신도의 관계,
사역의 왜곡에 대해 칼 바르트는 교회 공동체의 구조적 이
해(3차원적 구조)를 통해서 성경적인 교회의 회복의 모델을
제시한다. 교회는 3차원적인 구조를 가지고 있다. 교회의 첫
째 차원은 십자가 사건을 통해 온 세계와 인간의 의인화를
위해 성령의 일깨우는 능력에 힘입은 부름 받은 공동체 차
원이다. 교회의 둘째 차원은 부활 사건을 통해 온 세계와
인간의 성화를 위해 성령의 추진하는 능력에 힘입은 세움
받은 공동체라는 차원이다. 그리고 마지막으로 교회의 셋째
차원은 하나님과 인간의 종말론적 연합 사건을 통해 하나님
과 하나됨을 위해 성령의 인도하시는 능력에 힘입은 보냄
받은 공동체의 차원이다.

3장

교회 공동체의 존재 양식의 여러 표현들

1. 예배

포로 이전에 족장들이 드린 예배는 하나님과의 인격적인 만남과 하나님의 인도하심에 대한 응답이었다. 출애굽 사건에서부터 성전 건축 이전의 예배는 만남과 말씀의 중심지였던 장막에서의 예배였다. 하나님의 계시를 받는 법궤 중심의 예배가 계시와 말씀의 자리인 성막에서의 예배로 발전한 것이다. 이스라엘의 모든 제사와 절기 축제는 하나님의 구원하심에 대한 인간의 감사와 응답이었다. 이것은 과거 출애굽의 기억인 동시에 가나안 땅의 약속이 있는 축제였다.

솔로몬이 성전을 완성한 후에 드린 예배는 왕실화 되고, 제사장 중심적이 되며, 형식과 의식 중심으로 전환되었다. 예언운동은 이러한 성전예배에 대한 비판이었다. 예배에 관한 한, 예언자들의 신학적 근거는 시내 산에서 맺은 하나님과 이스라엘 사이의 언약이었으며, 모든 예배를 이 언약의 갱신이라고 보았다.

아모스는 정의의 사상에 입각해서 예배를 해석했다. 호세아는 가나안의 비도덕적인 제의를 모방한 이스라엘의 성소 제사를 비판했다. 이사야는 주님의 말씀을 선포하면서 시온산을 성역화 하는 것을 비판했다. 미가는 통치자와 제사장들이 타락한 생활을 하면서도 하나님을 의지하려는 불신앙을 비판했다. 예레미야는 예루살렘을 하나님의 좌정의 자리로 성역화 하는 것을 비판하였고, 성전을 마술화 하는 거짓 선지자들과의 대결에서 예루살렘과 성전의 파괴를 예언함으로 가장 강력한 반(反)성전신학을 주창하였다.

포로기 이후의 예배에 대해서는 회당에서의 예배를 들 수 있다. 회당은 율법을 가르치는 목적으로 가정집에서 만났다.

구약에서의 예배에는 다섯 차원이 있었다.

- 창조주 하나님의 능력과 선하심 선포의 차원
- 출애굽을 이루신 구원의 하나님에 대한 감사의 차원
- 바로와의 대결에서 승리하신 하나님의 왕되심을 선포하며 헌물을 드리는 차원
- 모든 예식을 하나님의 구원사로 재해석하고 역사적 신앙으로 승화시키는 축제의 차원
- 마지막 날의 승리가 역사 안에 실현될 것을 소망하며, 역사를 완성해 나가시는 하나님을 믿는 종말론적 차원이 있었다.

신약에서의 예배에는 세 차원이 있었다.

- 카리스마틱 (Charismatic) 차원

  찬양—시편의 노래, 마리아 찬가(Magnificat), 사가랴 축복 (Benedictus, 누가복음 1:67-79), 하나님께 영광 (Gloria in Excelsis), 평화의 노래 (Numc Dimittis), 마라나타 (Maranatha 주여 어서 오시옵소서), 기도, 신앙고백, 헌금 등이 여기에 속한다.

- 다이댁틱 (Didactic) 차원

  성경 봉독과 말씀의 선포와 교육, 방언, 방언 해석, 예언, 주해 등이 있다.

- 유카리스틱 (Eucharistic) 차원

  성도의 교제와 성례전, 사랑의 애찬으로 알려진 공동 식사, 세례의식이 있다.

  위에서 살펴본 바와 같이 신구약의 예배의 차원을 종합적으로 고찰해 보면, 예배는 다음과 같은 신학적인 내용을 가진 행위이다.

- 응답과 축하 행위로서의 예배

  영원자를 향해 드리는 피조물의 응답, 긍정, 기억, 대망. 예수 그리스도의 영원한 구원을 축하하는 차원이 강조될 필요가 있다.

•만남으로서의 예배

예수 그리스도를 통한 하나님과 인간의 예전적 만남이다. 개인적인 차원에서의 만남이 아니라, 공동체의 만남이라는 점과 역사 속에서의 만남을 강조할 필요가 있다.

•기독론적-구속사적 사건으로서의 예배

그리스도의 사건을 대변하는 교회 공동체 안에서 일어나는 사건으로서 예수 그리스도에게서 완성된 구원의 역사를 요약하고 다시 포착하고 긍정하고 반복하는 행위라는 것을 강조할 필요가 있다.

•선교로서의 예배

세계 안에서 선교를 수행하시는 하나님의 선교에 참여하는 증인 공동체의 증언 행위라는 점을 부각해야 한다.

•역사 종말론적 만남과 대망으로서의 예배

예수 그리스도를 통하여 이미 역사 속에 현존하며, 또 장차 올 하나님 나라에 의하여 부름 받은 거룩한 하나님의 백성으로서의 삶을 표현하는 거룩한 백성의 존재 표현이라는 것이 인정되어야 한다.

2. 설교

설교는 계시와 영감에서 오는 말씀의 증언이자 역사 안에서 하나님은 그의 백성을 어떻게 구원하셨는가라는 역사적 사건을 기억하고 상기시키고 대망케 하는 일이다. 성경에 나타난 설교는 모인 회중을 향하여, 역사적인 상황을 전제로, 사사, 제사장, 예언자들에 의해 자유로운 언어로 구사된 영적 위로와 각성이었다. 즉 계시와 영감에서 오는 말씀의 증언뿐만 아니라, 하나님이 역사 안에서 그의 백성을 어떻게 구원하셨는가라는 역사적 사건을 기억하고 되풀이하는 행위였다. 노아가 의의 설교자였다면, 모세는 바로에게 메시지를 전한 설교자, 이스라엘에게 고별설교를 전한 설교자였고, 여호수아도 고별설교를 남기고 있다.

포로기 이전의 예언자적 설교는 포로기 이후 회당에서의 주해로 변형되었다. 예루살렘으로 귀환한 후, 수문 앞 광장에 모인 회중에게 에스라가 율법책을 읽고, 해석하고, 레위 사람들의 가르침으로 이어진 전통(느 8:1-2)에 비롯되어 안식일에 율법책을 읽고, 해석하는 것으로 변형되었다.

회당이 등장하면서 설교는 주해로 변형되었다. 쉐마, 18가지 축복 기도, 율법서와 예언서 낭독, 주해, 축도로 구성된 회당예배라는 틀 속에서 성경 봉독과 주해가 밀접하게 연관되어 설교가 진행된 것이 특징이며, 그 목적은 회중을 가르치고 세우는 데 있었다. 1세기 경 회당에서는 성경학자들이 성경 주해를 하고, 순회설교자(Maggid)들은 비유와 이야기 중심으로 영적인 메시지를 전달하였다. 바울의 설교는 마기드의 전통에 속한 것이었다.

기독교 설교는 세례 요한의 메시아 도래 선포, 쿰란 공동체의 묵시 문학적인 종말론 선포, 예수님의 설교에서 시작된다. 예수님은 성경 본문을 읽고 해석하였고 (주해적 차원), 회당이라는 공동체와 회당예배라는 틀 속에서 설교하셨으며 (예전적 차원), 임박한 하나님의 나라를 선포함으로써 회개를 촉구하였으며 (예언적 차원), 심판이 동반되는 종말을 예고하셨다 (역사-종말론적 차원).

바울은 예수님의 죽음과 부활 사건을 새롭게 해석해서 선포하였고 (케리그마), 십자가와 부활에 비추어 역사를 해석하고 (역사-종말론적 차원), 회개를 촉구하되 (예언적 차원), 교회 공동체를 세우는 (예전적 차원) 설교를 하였다.

이런 점에서 설교는 오고 있는 하나님 나라를 선포하고 (Pretext), 성경 본문을 주해하고 (Text), 회개와 변화를 촉구할 때 (Context), 그 설교가 날마다 그리스도와 죽고 그리스도와 다시 사는 종말론적인 사건이 되는 것이다. 하나님 나라에 비추어 본문을 해석하고, 성도들의 삶을 변화시키도록 촉구하는 것이 성경적인 설교라고 할 수 있다.

3. 성례전

교회는 말씀이 선포될 뿐만 아니라, 성례전이 집행되는 곳이다. 연합감리교회에서는 세례와 성찬식을 성례전의 두 기둥으로 인정한다.

◆세례

세례는 그리스도의 고난에의 참여와 종말론적 순례의 시작을 알리는 예전이다.

1) 세례의 성경적, 역사적 근거

윤리적인 면에서 세례를 보는 사람들은 레위기와 에스겔에 나오는 신적인 청결의 의미로 사용된 물을 근거로 한다. 종말론적인 면에서 세례를 보는 사람들은 세례 요한의 죄의 회개를 통한 메시아를 기다리는 백성들의 결단 의식을 근거로 삼는다. 기독론적 해석에서 세례를 보는 사람들은 예수님의 세례 때 성령의 임재로 인한 새 언약과 새 시대의 개막으로 본다. 교회론적 해석에서 세례를 보는 사람들은 쿰란 공동체의 입회를 위한 정결예식이나 오순절 이후 처음 교회가 실시한 공동체 입회 예식에서 그 근거를 찾는다.

2) 세례 신학의 네 차원

① **기독론적 차원:** 모든 세례는 그리스도의 고난에 참여하는 구원사적-기독론적인 사건이다.

② **교회론적 차원:** 모든 세례는 그리스도의 몸인 교회에 참여하는 것이다.

③ **종말론적 차원:** 세례는 오고 있는 하나님 나라와 완성의 때를 대망하는 종말론적 행위이다. 그러므로 세례를 통하여 예수 그리스도와 만나고, 그의 고난에 동참하며, 하나님 나라 소망을 알게 하고, 믿음으로 응답케 하는 모든 과정인 기독교적 양육에 참여하는 사건이다.

④ **윤리적 차원:** 세례는 하나님의 나라와 그의 뜻을 이 땅에서 증언하고 남을 섬기겠노라는 결단의 사건이다.

장로 훈련 교재

◆성만찬

1) 성만찬의 성경적, 역사적 근거

신약성경에는 최후 만찬, 주님의 식탁 (고전 10:16), 거
룩한 교제 (고전 10:16-17), 식사 (고전 11:25), 제단 제
물 (히 13:10) 등의 용어가 사용되지만, 유카리스트 라는
용어는 성경에서 사용된 적이 없다. 유카리스트(Eucharist)
라는 용어는 하나님을 찬미하는 것과 축복의 의미가 포함된
유대 전통에서 온 것, 특히 베라카에서 유래된 것이다. 고린
도전서 10:16의 유로기아 (축복), 고린도전서 10:30의 유
카리스티아 (감사), 요한복음 6:11의 유카리스테인(축사)에
서 그 근거를 찾을 수 있다.

전통적인 해석에 의하면, 성만찬의 최초의 기원을 십자가
에 달리시기 전날 제자들과 함께 나눈 최후의 만찬에서 보
며, 구약의 유월절 식사와 밀접한 관계가 있다. 구약의 하브
로스 (Haburoth) 의식은 안식일과 함께 식사가 시작된다.
포도주 축복. 그날의 축복 (키두쉬), 빵의 축복, 식사 (main
meal), 최후의 교제를 위한 술의 축복, 찬송으로 이루어져
있는데, 바로 이 구약의 하브로스가 초대교회의 사랑의 애
찬(Agape Meal)의 원형이라고 본다. 존 류멘의 해석에 의
하면, 예수님의 지상 사역 전체 속에 드러난 제자들과 죄인
들, 그리고 세리와 창녀들과의 탁상 교제와 대화가 성만찬
의 기원이라고 주장한다.

초대교회 아가페 식사의 구조는 성만찬과 통합된 의식이
었다. 오후나 저녁에 시작(음식 준비는 부자들이 함)하여
준비된 음식들을 위한 기도와 축복 후에 공동식사를 하고
사랑의 입맞춤 (Kiss of Charity, 베드로전서 5:14), 손을
씻음, 예언자나 다른 지도자들의 인도 하에 기도와 찬송, 성
만찬(고린도전서 11:21, 25)을 가졌던 것이다.

2) 성만찬의 해석들

- 상징주의—알렉산드리아 학파 (아타나시우스, 유세비우스, 그레고리, 바실): 영적 양식
- 실재주의—저스틴, 이레네우스, 예루살렘의 시릴, 니사의 그레고리: 그리스도의 몸과 피
- 희생주의—히폴리투스, 시프리안: 그리스도의 몸과 피를 봉헌하는 희생
- 화체설—랜프레인, 힐데버트, 스테펜, 아퀴나스: 그리스도의 몸과 피로 화체되고 변화됨
- 공존설—마틴 루터: 떡과 포도주의 본질은 그대로 남지만 (화체설 반대), 떡을 받아먹을 때 그리스도의 몸이 떡과 함께 주어진다.
- 기억설—쯔빙글리: 단 한 번뿐인 그리스도의 죽음을 상징하고 구원을 기억나게 한다.
- 영적 임재설—칼빈: 성령의 매개를 통해 그리스도께서 떡과 포도주를 통해 임재한다.

◆세계 교회협의회의 신앙과 직제위원회 성만찬 신학

성만찬의 의미	신학적 주제	중심적 헬라어
아버지께 드리는 감사	아버지 하나님	유카리스티아
그리스도를 기억함	예수 그리스도	아남네시스
성령 임재를 기도함	성령	에피클레시스
성도의 교제	교회론	코이노니아
하나님 나라 식사	종말론	에스카톤

성만찬에 이 모든 면이 있음을 기억하면서, 성만찬은 죄로 이끌어 가는 세상의 권세로부터 회중을 자유하게 하며, 동시에 이 세상에서 하나님의 평화와 의를 실현하기 위해 열려 있는 교제의 식사로 이해되어야 할 것이다.

4장
교육

교육은 하나님 통치의 역사적 기억과 소망이다.

1. 교육의 성서적, 역사적 근거

●구약에서 실시된 교육

1) 포로기 이전 (고대 히브리 시대)

제사장, 예언자, 가정에서의 부도 교육이 중심이었다. 제사장은 거룩한 신탁으로 알려진 말씀 사역을 통해 예배뿐만 아니라, 윤리적인 생활까지 가르친 교사였다. 예언자들은 역사의 사건 속에서 말씀하시는 하나님의 음성과 계시를 보고 전함으로 인간들로 하여금 더 넓은 역사의 지평을 보게 하고, 그 지평을 꿰뚫고 다가오는 하나님의 통치를 분별하고 또 응답하도록 가르쳤다. 즉 교육디 선포와 계시로부터 분리되지 않았다.

가정에서는 가정의 삶 자체가 하나님의 계시 통로였다. 아이의 출생, 소년들의 직업훈련, 소녀들의 가사훈련, 특별히 토라를 가르치고 암기시키는 쉐마 훈련, 가정에서 실시한 종교 의식을 통한 교육 (안식일의 등불 켜기, 유월절 제정, 할례, 출생 40일에 드리는 어머니의 번제와 속죄제. 시편 낭독, 아침기도회에 입는 탤리트와 목에 두르는 지지트, 하나님 말씀이 들어 있는 테피린, 문간에 붙여 놓은 메주자, 성인식 바 미즈바, 안식일, 유월절, 장막절) 등으로 이어진 모든 의식들을 지킴으로 가정에서 고육을 했다.

2) 포로기 이후 (유대주의 교육)

회당에서 교육이 주로 이루어졌다. 회당에서는 미쉬나, 십계명, 예언자 편지, 토라 낭독, 쉐마, 제사장 축도로 이루어진 예배를 드림과 동시에 토라를 가르치는 주해를 통하여 교육이 진행되었다.

초등학교(책의 집, Beth Hassepher)는 주로 서기관과 하잔(Hazzan)으로 불리는 교사들에 의해서 율법을 교수하였고, 중등학교(Beth Talmud)는 토라의 연구와 해석을 포함하는 고등교육 기관이었다. 소페림 학교에서는 주로 서기관이 되려는 사람들을 위한 전문교육을 하였고, 그것은 랍비 양성을 위한 신학교였다.

교육은 (후대에 타락한 것처럼) 무엇을 성취하기 위한 수단과 기능이 아니라, 하나님의 계시와의 만남, 계시를 기록한 토라를 배우고 암기하고 또 그대로 살아가는 신앙과 삶과 공동체의 살아 있는 통로였다. 유대인들은 교육을 통하여 신앙과 삶을 끊임없이 역사화 하였던 것이다.

2. 신약과 초대교회에서 실시된 교육

예수님은 다음과 같은 교육방법을 사용하셨다.

1) 비유—천국을 선포하고 가르칠 때 쓰심.

2) 논쟁법 혹은 토론법—비판적이고 절대적인 태도로 다가오는 도전에 대하여 진리의 심오함을 역으로 보여주심.

3) 도제 교육—하나님 나라의 증언자로 삼으실 제자들과의 모든 관계에서 주저 없이 보여주신 "함께 함"(living together)과 "대화"(encounter)하는 교육.

예수님의 교육은 지상의 사역, 십자가 사건, 부활, 그리고 재림의 약속이라는 하나님 나라의 임재에 대한 가르침이고, 해석이고, 비유였다.

초대교회의 교육은 처음부터 설교와 구분되면서도 가장 밀접히 연관되어 있었다. 설교는 첫째는 예수 그리스도의 복음을 선포하는 것 (proclamation), 둘째는 예수님의 수난과 부활에서 예언이 완성되었다는 증언 (witness), 셋째는 회개 촉구와 믿음의 권유인 권고(exhortation)의 내용을 가지고 있었다. 교육은 일차적으로는 설교자이기도 했던 사도들에 의해 수행되었으며, 그 다음은 안디옥 교회에 등장한 교사에 의해서 계승되었다. 당시 카리스마적인 사역자에는 사도, 예언자, 교사가 있었으며, 후에는 감독, 장로, 집사들이 개체교회의 교육적 사명을 이어갔다.

초대교회 교육 내용
① 구약성경의 기독교적인 해석
② 세례 예식과 같은 기독교 전통의 가르침
③ 신앙고백을 위한 가르침
④ 예수의 생애와 말씀을 가르치는 일
⑤ 도덕적이고 윤리적인 규범을 가르치는 일

가톨릭교회에서는 성인들이 기독자가 된 것이 아니라 기도자로 되어가고 있는 것에 관심을 가져야 함을 깨닫고 카테케시스(Catechesis)운동을 벌이고 있다. 동방정교회에서는 예배의 틀 안에서 카테케시스가 가능하다고 전제하고 예배를 예전적인 축제로 볼 뿐만 아니라 세상에서의 증언과 봉사를 포함하는 쪽으로 보고 있다. 그래서 기독교 교육은 잃어버린 하나님 나라의 비전을 회복하고, 그것을 다른 사람에게 전달하는 것이라고 말하면서 회심과 하나님 앞에서의 인간의 복종과 헌신, 그리고 이웃을 위한 중보적인 기도, 그리스도의 몸 된 교회 세우기 등을 예배에 포함시키고 있는 것이다.

기독교 교육은 신앙 공동체를 통하여 구원을 이루어가는 하나님 나라에 사람들을 입회시키는 영적인 훈련이며, 교회가 수행하는 하나의 기능이 아니라 역사-종말론적 공동체의 표현 양식이며, 공동체를 세우는 과제이다. 기독교 교육은 예배, 설교, 성례전, 교제, 선교와의 관계를 통하여 하나님의 통치에 참여하는 공동체의 세움이며 또한 살아 있는 존재론적 표현이며 양식이다.

5장

코이노니아

1. 코이노니아의 성서적, 역사적 근거

코이노니아라는 단어는 바울서신 13번, 사도행전 1번, 히브리서 1번, 요한복음 3번, 이렇게 총 18번 나온다. 이 단어는 참여 (캠벨), 나눔 (바우어), 재산의 공동 소유 혹은 파트너 (다드) 등을 뜻한다.

이 단어가 사용된 기원은 참 이스라엘의 종말의 때를 기다리던 쿰란 공동체가 형제가 되었다는 실현에서 비롯된 것으로 본다. 그러나 도피적이고 배타적으로 사용되었던 쿰란 공동체의 용어를 신약에서는 연관성과 참여로 사용했으며, 세계 안에 현존하는 그리스도의 끊임없는 창조적인 교제에 근거하는 것으로 승화시켰다. 제자들만 참 이스라엘로 삼는 쿰란과는 달리 예수님은 하나님 나라와 하나님의 통치 안에 있는 모든 사람들을 모으시는 종말론적인 코이노니아를 증언하고 대변하기 위해 제자들을 부르신 것이다. 죄인들, 세리들, 짓눌린 여인들, 병든 자와 동시에 제자들, 바리새인들, 산헤드린의 지도자도 다 초청하여 친교를 나누신 것이다.

2. 감리교회의 코이노니아

18세기에 일어난 요한 웨슬리의 속회운동은 강제성이 없는 가정교회적 성향을 지닌 사랑의 작은 공동체였다. 웨슬리는 제도화 된 교회와의 공존을 지향하였다.

웨슬리가 살았던 당시의 영국은 영적 무감각과 합리주의에 근거한 색깔 없는 설교와 사회가 타락과 술 취함으로 만연해 있던 시대였다. 웨슬리는 옥스퍼드에서 학문 추구와 신성 그룹의 경험을 쌓고, 1735년 미국 조지아주에 와서 선교활동을 했으나 실패하고 3년 만에 귀국하게 되었다. 그

후 모라비안 선교사 뵐러와 만나 신앙의 회심과 조직력의 기술 등에 대해 교류하고, 같은 해 5월 1일 Fetter Lane Society를 조직하고 월 1회 저녁 7시에서 10시까지 기도와 고백을 위한 모임을 가지기에 이르렀다. 그러다가 1738년 5월 24일 올더스게이트 회심의 경험을 하게 되었다.

1739년 웨슬레는 Society와 밴드 조직을 시작하고 옥외 전도와 병행하였다. 이렇게 해서 경건주의에서 배웠던 경험을 내면화하면서도 경건주의의 약점인 정적주의(Quietism)와 도피주의를 넘어서서 사회와 역사를 변혁하는 역사적 신앙으로 전환하게 되었던 것이다. 그리고 같은 해인 5월 9일 New Room을 구입하고, 런던에 연합 본부를 두고, Society를 밴드와 속회로 나누어 조직하였다. 밴드는 신자와 새신자의 신앙과 목회적 돌봄을 위한 작은 세포 조직이다. 내면적인 관심과 느낌을 나누는 것을 특색으로 하고, 다소 배타적인 성격을 지니고 있었다. 밴드는 속회의 인기도가 높아짐에 따라 그 조직은 약화되었다.

1742년 브리스톨에서는 밴드와는 달리 감리교인들의 신앙생활을 훈련시키기 위해 속회를 12개 단위로 분할하여 만들어내었다. 속회는 훈련과 조직을 위한 작은 공동체이고, 밴드는 영적이고 고백적인 교제와 돌봄의 작은 공동체였다. 모든 밴드 회원과 속회 구성원들은 1년에 네 번 사랑의 애찬에서 만나 교제와 사랑을 나누었다.

•대화의 통로: 코이노니아
•사역의 통로: 공동적인 삶과 지원을 이룸
•양육의 통로: 예배, 성경공부, 찬송, 기도를 통한 양육
•전도의 통로: 이웃을 섬기고 전도하고 초청

웨슬리는 교회에서 말씀 선포와 성례전이 집행되는 전통적인 교회론을 긍정하면서도, 교회 안의 작은 교회로서의 말씀 안에 사는 믿는 자들의 작은 모임을 통해 큰 교회가 다시 사는 비결을 실천하였다.

6장
선교
하나님 나라의 역사적 증언

1. 구약에 나타난 선교의 모티프

1) 우주적 모티프
창조의 하나님은 모든 민족의 하나님이시다.

2) 해방의 모티프
이스라엘의 구속자이시이면서도 모든 민족을 예루살렘에 모으시는 구원자 하나님과 구원을 증언하는 고난 받는 종으로서의 이스라엘이 있다.

3) 선교적 모티프
예언자들을 부르신 것은 모든 민족을 향한 증언을 위한 것이다.

4) 적대심 모티브
악한 세력에 대해 하나님은 진노하시고 전쟁에서 이기시는 공의를 보이시며, 이를 통해 하나님은 영광 받으셔야 한다.

선교는 이방 나라들을 이스라엘화 하는 것이 아니고, 이방 나라들을 통치하는 이스라엘의 힘도 아니며, 온 세계를 대변하는 제사장 나라로서의 연대성 안에서 의미를 갖는 것이다. 가난한 자, 눌린 자와의 연대성 자체가 선교이며, 동시에 거룩한 민족으로 현존하는 정체성 그 자체가 선교이다. 이스라엘의 타락은 세계를 대변하는 원심과 연대성을 포기하고, 선택 그 자체만을 특권화 하는 구심과 정체성만을 강조할 때 일어난 것이다.

2. 신약에 나타난 선교의 모티프

신약시대의 선교 모티프는 예수 그리스도의 전 사건이며, 예수께서 증언한 하나님의 통치의 임재이다. 하나님의 통치 야말로 모든 선교의 시작이고 또한 선교의 장이다.

1) 선교의 처음

인간 역사에서 회개와 회심을 촉구하신 예수 그리스도의 선포사역.

2) 선교의 과정

모든 악한 세력을 쫓아내고, 병자들을 고치고, 죽은 자를 살리시는 하나님의 능력을 드러내는 하나님 통치의 임재와 역사의 증언.

3) 선교의 결과

모든 사람들을 하나님 나라에 초청하고, 인간을 용납해 주시는 하나님의 사랑을 미리 경험하게 하는 우주적인 교제.

4) 선교의 새로운 시작

부활사건 이후 하나님 나라를 증거하고 섬기게 하기 위해 부르시고 선택한 제자 공동체의 활동.

결론적으로 성경적인 교회는 다음과 같은 일들을 통해 교회의 모습을 보여주고 있다.

① 부름 받은 공동체가 드리는 예배

예배는 역사-종말론적으로 다가오시는 하나님의 부르심과의 만남 사건이며, 동시에 하나님의 인도하심에 대한 역사적 응답이다. 설교는 예수 그리스도 안에서 임재하는 하나님 나라와 그의 통치를 계시된 말씀(pretext)에 비추어 성경 본문(text)과 하나님 나라 안에서 약속된 역사와 하나님 백성 공동체의 상황(context)을 해석하고 연결시켜 주는 작업이다. 성례전은 예수 그리스도 안에서 임재하고 있는 하나님 나라의 백성으로 삼는 일(세례)과 백성들이 나누는 잔치(성찬)이다.

② 세움 받은 공동체가 나누는 교육과 교제

교육은 하나님 나라를 분별하고, 역사를 긍정할 뿐 아니라 역사 안에서 증언하는 하나님 백성을 세우고 양육하는 것이다. 교제는 하나님 나라의 약속을 지상에서 미리 실현하는 모습이다.

③ 보냄 받은 공동체가 하는 선교

선교는 하나님 나라의 오심과 하나님의 통치를 역사 안에서 증언하는 일이다. 즉 거룩한 민족이라는 정체성과 구심점(centripetal point)을 가지고, 세계의 대변인 혹은 고난받는 종으로서의 연대성과 원심점(centrifugal point)의 일을 하는 것이다. 하나님의 백성으로 하여금 하나님 앞에서 세계를 대변하고 또 섬기는 한 선택된 거룩한 민족임을 일깨우고, 가르치고, 내보내는 목회적 사역이 요구된다.

이러한 목회적 사역에는 영성과 전문성이 필요하다. 영성은 그리스도와 역사 안에 임재하는 하나님의 통치를 분별하고 헌신하는 역사를 변혁할 수 있는 영성이어야 한다. 전문성은 증언을 위해 하나님의 신앙을 온전하게 하고, 그리스도의 몸을 세우며, 봉사의 일을 하게 하는 훈련과 양육, 그리고 파송을 뒷받침하는 것이어야 한다. 교회의 지도자들은 바로 이러한 영성과 전문성을 갖추어야 한다.

C. 토론 주제

1. 부름 받은 공동체로서 우리 교회에서 하고 있는 사역들은 어떤 것들이 있는가?

2. 세움 받은 공동체로서 우리 교회에서 하는 사역들은 어떤 것들이 있는가?

3. 보냄 받은 공동체로서 우리 교회에서 하는 사역들은 어떤 것들이 있는가?

4. 교회가 "역사—종말론적인 공동체"라는 뜻은 무엇인가?

5. 교회는 "하나님의 통치의 현실 세계에서의 실현"이라고 하는 말의 뜻은 무엇인가?

제IV부

신앙생활과 영성

안명훈 목사

장로 훈련 교재

A. 요점

"뿌리 깊은 나무는 바람에 흔들리지 않는다"는 한국의 옛 시가 있다. "뿌리 깊은 영성"은 성도들의 신앙을 흔들리지 않게 한다. 어떠한 시련에도 굴하지 않게 한다. 그리고 열매를 많이 맺게 한다.

장로의 직분으로 부름 받은 그리스도의 선한 일꾼들은 "뿌리 깊은 영성"을 소유해야 한다. 교회의 영적 지도자인 장로들에게 하나님께서 요구하시는 영성이 무엇인지를 바울이 디모데에게 권면하는 디모데전서 4:6-16 말씀을 중심으로 살펴보고자 한다.

"네가 이것으로 형제를 깨우치면 그리스도 예수의 좋은 일꾼이 되어 믿음의 말씀과 네가 따르는 좋은 교훈으로 양육을 받으리라 망령되고 허탄한 신화를 버리고 경건에 이르도록 네 자신을 연단하라 육체의 연단은 약간의 유익이 있으나 경건은 범사에 유익하니 금생과 내생에 약속이 있느니라 미쁘다 이 말이여 모든 사람들이 받을 만하도다 이를 위하여 우리가 수고하고 힘쓰는 것은 우리 소망을 살아 계신 하나님께 둠이니 곧 모든 사람 특히 믿는 자들의 구주시라 너는 이것들을 명하고 가르치라 누구든지 네 연소함을 업신여기지 못하게 하고 오직 말과 행실과 사랑과 믿음과 정절에 있어서 믿는 자에게 본이 되어 내가 이를 때까지 읽는 것과 권하는 것과 가르치는 것에 전념하라 네 속에 있는 은사 곧 장로의 회에서 안수 받을 때에 예언을 통하여 받은 것을 가볍게 여기지 말며 이 모든 일에 전심 전력하여 너의 성숙함을 모든 사람에게 나타나게 하라 네가 네 자신과 가르침을 살펴 이 일을 계속하라 이것을 행함으로 네 자신과 네게 듣는 자를 구원하리라"

(디모데전서 4:6-16).

B. 내용

마태복음 5:48에서 예수님은 "하늘에 계신 너희 아버지의 온전하심과 같이 너희도 온전하라" 라고 말씀하셨다. 철저한 신앙인이 되라는 말씀이다. 예수님은 우리의 신앙이 성숙한 단계에까지 이르기를 원하신다. 요한 웨슬리도 우리 기독교인들이 신앙생활을 하면서 이루어야 할 목표가 바로 기독교인의 완전(Christian Perfection)이라고 가르쳤다.

감리교의 창시자인 요한 웨슬리가 전개했던 신앙운동을 한 마디로 표현해 보라고 한다면, 그것은 "철저한 그리스도인이 되는 운동"이라고 말할 수 있을 것이다. 그 당시 영국에는 많은 사람들이 형식적으로 신앙생활을 하고 있었다. 그는 그 자신이 철저한 신앙인이 되기 위하여 노력하였고, 그 당시 많은 기독교인들에게 철저한 예수님의 제자가 되도록 영성운동을 전개하였던 것이다.

요한 웨슬리는 하나님께 완전히 헌신하지 않은 "반쪽 그리스도인"이란 절대로 있을 수 없다고 주장한다. 그리고는 자신을 온전히 주님께 바치기를 원하며 다음과 같이 고백한다. "나는 내 생활과, 사상과, 말과 행동 전체를 하나님께 바치기로 결심하였다. 나는 중간상태라는 것은 없다고 확신한다. 내 생의 모든 것을 하나님께 제물로 드리거나, 나를 위해 쓰거나 둘 중에 하나인데, 나를 위해 쓴다는 것은 결국 마귀에게 바치는 것이다."

요한 웨슬리는 감리교 신앙운동에 참여한 모든 사람들에게 일 년에 네 번 회원증을 발급하였다고 한다. 회원증이 없으면 신도회 (Society) 모임이나, 성도들의 애찬(Love Feast)에 참석할 수 없었는데, 성실하지 못한 사람은 분기별 회원증을 발급받지 못하였다고 한다. 그리고 그들은 모일 때마다 다음과 같은 질문을 서로에게 하였다고 한다.

- 지난 모임 이후 당신은 어떤 죄를 범하였습니까?
- 당신은 어떤 유혹을 받았습니까?
- 어떻게 그 유혹에서 벗어났습니까?
- 그것이 죄인지 아닌지 확실치 않은 어떤 생각과 말과 행동이 있었습니까?
- 당신은 숨기기를 원하는 어떤 비밀을 갖고 있습니까?

우리는 이러한 것들을 보면서 그 당시 요한 웨슬리를 중심으로 한 초창기 감리교인들이 얼마나 진지하고 철저하게 신앙생활을 하려고 노력하였는가를 잘 알 수 있다. 형식적이 아닌 진실된 믿음. 세상과 타협하지 않는 굳건한 믿음. 행동하는 믿음. "반쪽 그리스도인"이 아니라 "온전한 그리스도인." 복음성가 중에 다음과 같은 가사가 있다. "진실하게 신실하게 거룩하게 살게 하소서." 교회의 장로로 부름 받은 일꾼들이 가져야 하는 영성이 바로 이러한 영성이다.

철저하고도 뿌리 깊은 영성의 소유자인 바울은 그가 사랑하는 믿음의 아들 디모데에게 신앙을 권면한다. 디모데전서 4:6-16의 내용이 바로 그것이다. 바울이 디모데에게 권면한 내용을 한 마디로 표현하자면 "뿌리 깊은 영성"을 소유하라는 것이다. 이 말씀을 함께 묵상하면서 우리가 가져야하는 뿌리 깊은 영성이 무엇이며, 또 어떻게 우리가 그러한 영성을 가질 수 있는가를 살펴보고자 한다.

1. "믿음의 말씀과 네가 따르는 좋은 교훈으로 양육을" 받으라 (4:6)

교회의 영적 지도자로 임명을 받은 사람들이 범하기 쉬운 잘못이 있다. 그것은 자신이 이미 어느 정도의 영적 수준에 이르렀다고 생각하는 것이다. 그러나 그것은 잘못된 생각이다. 우리가 하나님의 일꾼으로 부르심을 받은 것은 우리들의 "이 모습 이대로"를 받아 주신 하나님의 은혜 때문이다.

우리는 영적으로 완성된 사람들이 아니다. 바울의 표현을 빌리자면 우리들은 "성령 안에서 하나님의 거하실 처소가 되기 위하여 예수 안에서 함께 지어져 가는" 중이다 (에베소서 2:22). 우리가 계속하여 말씀 안에서 양육 받아야 하는 이유가 바로 여기에 있다.

바울은 그리스도의 선한 일꾼으로 부르심을 받은 자들에게 가장 먼저 요구되는 것이 바로 하나님의 말씀의 비밀을 깨닫는 것이라고 말하였다. 그 다음이 충성이다. "사람이 마땅히 우리를 그리스도의 일꾼이요 하나님의 비밀을 맡은 자로 여길지어다 그리고 맡은 자들에게 구할 것은 충성이니라" (고린도전서 4:1-2). 순서가 바뀌어서는 안 된다. 영적 지도자인 장로로서 교회를 위하여 충성하는 것도 중요하지만, 그보다 먼저 하나님의 비밀인 말씀을 알아야 한다는 말이다. 베드로전서 3:15의 말씀처럼 우리 속에 있는 소망에 관한 이유를 묻는 자에게 대답할 것을 항상 예비하기 위하여 하나님의 말씀을 알아야 하는 것이다.

그러기 위하여 말씀을 읽어야 한다. 영혼의 양식인 하나님의 말씀을 먹어야 한다. 예수님은 사람이 떡으로만 살 것이 아니라, 하나님의 입에서 나오는 모든 말씀으로 살아야 한다고 말씀하셨다. "믿음은 들음에서 나며 들음은 그리스도의 말씀으로 말미암았느니라" (로마서 10:17) 라는 말씀도 있다. 하나님의 말씀을 들어야 믿음이 생기며, 믿음이 생겨야 영혼이 강건함을 얻게 된다는 말씀이다.

신앙에는 세 가지 차원이 있다. 세 가지 차원이 골고루 갖추어져 있어야 건강하고 올바른 영성을 갖게 된다는 말이다. 그 첫 번째가 지적 차원이다. 쉬운 말로 머리의 차원이라고도 말할 수 있다. 하나님의 말씀을 통하여 구원의 비밀을 아는 차원이다. 이것이 결여되면 맹목적인 신앙으로 흐르게 된다.

두 번째는 정적 차원이다. 가슴의 차원이라고 말할 수 있다. 하나님의 사랑을 가슴으로 뜨겁게 체험하는 차원이다. 그래야 신앙이 냉랭해지지 않는다. 체험적 신앙은 우리들의 신앙에 확신을 준다. 그러나 정적인 차원은 지적 차원이 전제가 되어야 한다. 말씀에 근거하지 않은 뜨거움이란 종종 우리들을 잘못된 방향으로 이끌 수 있기 때문이다.

세 번째는 동적 차원이다. 쉬운 말로 손과 발의 차원이라고 말할 수 있다. 머리로 깨닫고 가슴으로 느낀 것들을 날마다의 삶 속에서 실천하는 차원이다. 이것은 그리스도인들로 하여금 참 그리스도인이 되게 하는 차원이다. 그러나 이러한 동적 차원도 하나님의 말씀을 전제로 해야 한다. 행함이 없는 믿음은 죽은 믿음이지만, 말씀에 근거한 믿음이 없는 행함은 더 위험한 것이기 때문이다.

예수님은 마태복음 22:37에서 이 세 가지 신앙의 차원을 말씀하여 주셨다. "네 마음을 다하고 목숨을 다하고 뜻을 다하여 주 너의 하나님을 사랑하라." 즉 마음을 다한다는 것은 가슴을 뜨겁게 하는 차원이요, 뜻을 다한다는 것은 머리의 차원을 이야기함이요, 목숨을 다한다는 것은 손과 발의 행동적 차원을 이야기하고 있는 것이다.

하나님의 권능과 사랑을 깊이 깨닫게 되면 자연히 하나님을 사랑하며 하나님의 뜻대로 살겠다는 결단이 생기는 것이다. 하나님의 뜻을 깊고도 진지하게 생각하는 크리스천들만이 뜨겁게 하나님을 사랑하며 목숨을 다하여 하나님의 사랑을 실천할 수 있는 것이다.

우리는 때때로 "영적"이라는 말을 잘못 이해할 때가 있다. 예를 들어, 로마서 12:1에 있는 "영적 예배"의 뜻을 부흥회식 예배를 의미한다고 오해할 때가 많다. 그러나 "영적 예배"라는 말의 "영적"이란 뜻은 희랍어 원어에 "로기켄"이란 말에서 나온 것인데, 이 말은 합당하다는 뜻의 "로기코스"라는 말에서 유래된 것이다. "로키코스"는 말씀이라는 "로고

스"라는 말에서 나온 것이다. 즉 "영적 예배"라는 말은 하나님의 말씀에 근거하여 우리의 뜻을 다하고 마음을 다하여 드리는 예배라는 뜻이다. 영적 예배라는 말을 쓸 때에 단순히 우리의 마음을 뜨겁게 한다는 말의 "퓨뉴마티켄"을 사용하지 않은 이유는 우리가 하나님께 드려야 할 영적 예배는 이방신을 섬기는 식으로 무절제한 비이성적 열광의 예배와는 달라야 한다는 의미가 내포되어 있는 것이다. 그리고 참 영성은 정확하고도 깊은 하나님의 말씀에 뿌리를 두어야 한다는 말이다. 하나님의 말씀에 깊이 뿌리를 내리지 않은 "영성"은 감정과 상황에 의하여 흔들리기 쉽기 때문이다.

바울이 디모데에게 "믿음의 말씀과 네가 따르는 좋은 교훈으로 양육을 받으라" 라고 권면한 이유가 바로 여기에 있는 것이다. 그러므로 교회의 영적 지도자로 부름을 받은 장로들은 "말씀 속으로" 깊이 들어가기 위하여 말씀을 많이 읽어야 한다. 말씀이 전파되는 곳에 빠짐없이 참석해야 한다. 그리고 말씀을 깊이 연구하고 묵상해야 한다. 그래야 "뿌리 깊은 영성"의 지도자가 될 수 있는 것이다.

2. "망령되고 허탄한 신화를 버리고 경건에 이르도록 네 자신을 연단하라" (4:7)

어떤 사람이 뉴욕에서 음악의 전당인 카네기 홀을 찾아가기 위하여 길을 물었다고 한다. "카네기 홀로 가려면 어느 길(Way)로 가야 합니까?" 그 질문을 받은 사람이 다음과 같이 대답하였다고 한다. "많은 연습을 통해서만 카네기 홀에 갈 수 있지요." 동문서답과 같은 대답이지만, 그의 대답에는 깊은 뜻이 있다. 카네기 홀에 서서 멋진 연주를 하는 연주가가 되려면 많은 연습을 통해서 기량을 닦아야 한다는 말이다. 그 길 (Way) 밖에는 없다는 말이다. "뿌리 깊은 영성"에 이르는 방법도 마찬가지이다. "오직 경건에 이르는 연단 (훈련)"을 통해서 이루어지는 것이다. "훈련"이란 말은 "몸에 배이게 한다"는 뜻이 있다. "영적 훈련"들을 통하여 "거룩한 습관"들이 우리의 삶에 배어야 한다.

"제자"라는 말은 영어로 "Disciple"이다. 그리고 "Disciple"이라는 말은 "Discipline"(훈련)이라는 말에서 나온 것이다. 즉 예수님의 제자들은 영적 훈련을 통하여 거룩한 습관을 몸에 익힌 사람들이란 말이다. 군대에 가면 많은 훈련을 받게 된다. 특히 기본훈련을 많이 받는다. "차렷 자세"는 군인의 기본자세라고 한다. 이론적으로 배우자면 금방 배울 수 있는 것이다. 그런데 매일 기본자세를 연습시킨다. 참으로 지루하다. 그러나 그러한 훈련을 통하여 군인은 군인으로서의 기본자세를 몸에 익히게 되는 것이다.

영의 사람이 되는 비결도 마찬가지이다. 매일 성경 읽고, 묵상하며, 기도해야 한다는 기본적인 이론을 모르는 사람이 없다. 그러나 그것을 안다고 영의 사람이 되는 것이 아니다. 그러한 거룩한 습관들이 훈련을 통하여 우리 몸에 배어야 한다는 것이다.

부지런히 교회의 모든 집회에 참석하는 습관이 몸에 배게 해야 한다. 날마다 시간을 정하여 놓고 성경을 읽으며 묵상하고 기도하는 습관, 날마다 모든 일에 하나님께 감사를 드리는 습관, 주님의 일에 몸을 적시어 봉사하는 습관, 나의 삶의 귀중한 부분을 성별하여 주님께 헌신하는 습관. 이러한 습관들은 바울의 말을 빌리자면, "열심을 내서 부지런히 일하며, 성령으로 뜨거워진 마음을 가지고 주님을 섬기는" 거룩한 습관들인 것이다.

"생각을 심으면 행동을 거두고, 행동을 심으면 습관을 거두고, 습관을 심으면 성품을 거두고, 성품을 심으면 운명을 바꾼다"는 말이 있다. 좋은 습관을 갖겠다는 생각과 결단이 결국에 가서는 사람의 운명을 바꾸게 된다는 말이다.

장로 훈련 교재

"뿌리 깊은 영성"이 저절로 생기는 것이 아니다. 거룩한 신앙의 좋은 습관들을 몸에 익히겠다는 간절한 생각과 결단이 있어야 한다. 그리고 어렵지만 실천해야 한다. "눈물을 흘리며 씨를 뿌리는 자는 기쁨으로 거두리로다 울며 씨를 뿌리러 나가는 자는 반드시 기쁨으로 그 곡식 단을 가지고 돌아오리로다" (시편 126:5-6). 눈물을 뿌리며 씨를 뿌리고 정성으로 가꾸는 노력이 교회의 영적 지도자로 부름 받은 우리들에게 있게 되기를 바란다.

3. "말과 행실과 사랑과 믿음과 정절에 있어서 믿는 자에게 본이 되라" (4:12)

"지도자"란 다른 사람들의 생각과 삶에 영향을 주는 사람이다. "영적 지도자"란 다른 사람들에게 영적으로 영향을 주는 사람이다. 그러한 지도력은 말로 되어지는 것이 아니다. 지도자의 삶을 통하여 이루어지는 것이다. "말과 행실과 사랑과 믿음과 정절에 대하여 믿는 자에게 본이 되는" 삶을 통하여 참된 영적 지도력을 발휘할 수 있게 된다는 말이다.

참 영성이 무엇인가에 대하여 바울은 고린도전서 13장을 통하여 가르치고 있다. "내가 사람의 방언과 천사의 말을 할지라도 사랑이 없으면 소리 나는 구리와 울리는 꽹과리가 되고 내가 예언하는 능력이 있어 모든 비밀과 모든 지식을 알고 또 산을 옮길 만한 모든 믿음이 있을지라도 사랑이 없으면 내가 아무 것도 아니요 내가 내게 있는 모든 것으로 구제하고 또 내 몸을 불사르게 내어 줄지라도 사랑이 없으면 내게 아무 유익이 없느니라" (고린도전서 13:1-3).

"사람의 방언과 천사의 말," "예언하는 능력," "모든 비밀과 모든 지식," "산을 옮길 만한 모든 믿음," "내 몸을 불사르게 내어주는 헌신," 이런 것들이 중요하지 않다는 말이 아니다. 바울은 고린도 교인들에게 그러한 보이는 현상들보다도 보이지는 않지만 더 중요한 내적 영성이 있어야 함을 가르치고 있는 것이다.

옛날 한국에서 유행하던 선전 광고 중에 다음과 같이 것이 있었다. "이 소리도 아닙니다. 저 소리도 아닙니다. 용각산은 소리가 나지 않습니다." 영의 사람도 마찬가지이다. 영의 사람이란 겉으로 보이지는 않지만 더 중요한 내적 영성을 소유한 사람이어야 하는 것이다. 말로 표현하지는 않지만 삶으로부터 조용히 흘러나오는 그리스도의 향기가 있어야 하는 것이다.

참된 영성과 믿음은 삶을 통하여 아름답게 표현되는 것이다. 믿음의 중요성에 관하여 강조한 바울의 로마서도 이 점을 잘 가르치고 있다.

로마서의 가장 큰 주제는 "우리가 어떻게 구원을 얻는가?" 하는 것이다. 그리고 "구원받은 우리들이 어떠한 삶을 살아야 하는가?" 하는 것을 다루고 있다. 그래서 로마서는 크게 두 부분으로 나뉘어져 있다. 로마서 1 - 11장까지는 우리가 어떻게 하면 구원받을 수 있을까에 관한 "교리편"을 다루고 있고, 12 - 16장 마지막까지는 구원받은 사람들이 어떻게 살아야 하는가의 "생활편"을 다루고 있다.

구원에 관한 전반부 "교리편"에서는 주로 하나님의 은혜에 관한 것을 강조하여 설명하고 있다. 우리가 구원을 얻는 것은 전적으로 하나님의 은혜라는 말이다. 우리의 선한 행실로 구원을 얻는 것이 아니라는 말이다. 우리의 "행함"보다 하나님의 은혜를 받아들이는 "믿음"이 더 중요함을 가르치고 있다.

율법보다 믿음이 먼저인 것은 사실이다. 선한 행실로 구원받는 것은 결코 아니다. 그러나 은혜와 믿음으로 구원받은 성도들이 하나님의 말씀을 지키고 성도답게 살아야 하는 것은 당연한 이치이다. 율법을 지켜야 구원을 받는다는 "율법주의"는 잘못된 것이지만, 그렇다고 율법을 무시해야 한다는 말은 아니다. 예수께서도 이 점에 대해서 분명하게 말씀해 주셨다.

"내가 율법이나 선지자를 폐하러 온 줄로 생각하지 말라 폐하러 온 것이 아니요 완전하게 하려 함이라 진실로 너희에게 이르노니 천지가 없어지기 전에는 율법의 일점 일획도 결코 없어지지 아니하고 다 이루리라 그러므로 누구든지 이 계명 중의 지극히 작은 것 하나라도 버리고 또 그같이 사람을 가르치는 자는 천국에서 지극히 작다 일컬음을 받을 것이요 누구든지 이를 행하며 가르치는 자는 천국에서 크다 일컬음을 받으리라 내가 너희에게 이르노니 너희 의가 서기관과 바리새인보다 더 낫지 못하면 결코 천국에 들어가지 못하리라"

(마태복음 5:17-20).

이러한 뜻에서 바울은 로마서의 후반부인 "생활편"을 "그러므로"라는 말로 시작한다. "그러므로"라는 말은 앞에 있는 모든 말들을 전제로 하고서 당연한 결과를 이끌어 낼 때에 하는 말이다. 믿음으로 구원을 받았으니, "그러므로" 우리는 이러 이러한 일들을 행해야 한다는 뜻이다. 하나님의 사랑과 은혜를 이같이 받았으니, "그러므로" 우리들의 사명이 다음과 같다는 뜻이다. "그러므로 형제들아 내가 하나님의 모든 자비하심으로 너희를 권하노니 너희 몸을 하나님이 기뻐하시는 거룩한 산 제물로 드리라 이는 너희가 드릴 영적 예배니라 너희는 이 세대를 본받지 말고 오직 마음을 새롭게 함으로 변화를 받아 하나님의 선하시고 기뻐하시고 온전하신 뜻이 무엇인지 분별하도록 하라" (로마서 12:1-2).

"영성"에 관한 여러 가지 자료들을 검토해 보면서 얻은 결론이 있다. 그것은 참된 영성이란 성결한 삶으로 나타난다는 것이다. "지혜로운 사람은 행동으로 말을 증명하고, 어

신앙생활과 영성

리석은 사람은 말로 행위를 변명한다" 라는 말이 있다. "행동하는 영성" 이것이 바로 올바른 영성이라는 말이다.

물론 우리는 "마음으로 믿어서 의에 이르고 입으로 시인하여 구원에 이르느니라" (로마서 10:10). 이것은 하나님의 크신 은혜이고 복음이다. 그러나 우리는 바울이 권면한 것처럼 우리의 몸을 하나님이 기뻐하시는 거룩한 산 제물로 드리고, 이 세대를 본받지 말고, 오직 마음을 새롭게 함으로 변화를 받아, 하나님의 선하시고 기뻐하시고 온전하신 뜻이 무엇인지 분별하는 성결한 삶을 살아야 하는 것이다.

예수님의 사랑과 은혜가 크시므로, 우리가 값없이 믿음으로 구원을 받았으므로, 예수께서 우리에게 큰 기대를 가지시고 온전하라고 명령하셨음으로, 그리고 우리들이 온전하고 성결한 삶을 위해서 꾸준히 노력하면 예수님께서 도와주실 것이므로, "그러므로" 우리들은 하나님의 자녀로서 하나님의 자녀다운 성결한 삶을 살기 위하여 꾸준히 노력하여야 할 것이다. 이것이 참된 영성이요, 뿌리 깊은 영성이요, 다른 사람들에게 좋은 영적 영향력을 끼칠 수 있는 영적 리더십의 원동력이 되는 것이다.

"끝으로 형제들아 무엇에든지 참되며 무엇에든지 경건하며 무엇에든지 옳으며 무엇에든지 정결하며 무엇에든지 사랑 받을 만하며 무엇에든지 칭찬 받을 만하며 무슨 덕이 있든지 무슨 기림이 있든지 이것들을 생각하라 너희는 내게 배우고 받고 듣고 본 바를 행하라 그리하면 평강의 하나님이 너희와 함께 계시리라" (빌립보서 4:8-9).

장로 훈련 교재

4. 받은 은사를 활용하라

"네 속에 있는 은사 곧 장로의 회에서 안수 받을 때에 예언을 통하여 받은 것을 가볍게 여기지 말며" (딤전 4:14).

개역성경에는 이 부분이 마치 받은 은사를 조심스럽게 사용하라는 뜻으로 오해하기 쉽게 번역되었다. 그러나 개역개정판에서는 그 뜻이 좀 더 명확하게 번역되었다. 하나님께로부터 받은 것이니 그 은사를 가볍게 여기지 말고 하나님의 영광을 위하여 마음껏 활용해야 한다고 번역되었다.

은사는 사용해야 한다. 그래야 은사가 더 풍성해진다. 영성은 은사를 잘 활용할 때에 더 깊어지고 성숙하게 된다. 은사를 잘 활용해야 함을 예수님께서는 달란트의 비유를 통하여 잘 가르쳐주신 적이 있으시다. 다섯 달란트와 두 달란트를 받은 종은 그것을 잘 활용하였기 때문에 나중에 두 배나 되었고, 주인으로부터 큰 칭찬을 받았다.

그러나 한 달란트 받은 종은 자기가 받은 것을 사용하지 않고 땅에 묻어 둠으로 주인에게 책망을 받는다. 그런데 사실 한 달란트가 작은 돈이 아니다. 한 노동자의 15년 품삯이라고 한다. 요사이 미국 돈으로 환산하면 대략 50만 불 정도의 큰돈이다. 그런데 그는 상대적으로 빈곤감을 느꼈던 것이다. 자기 동료는 다섯 달란트나 받았기 때문이다.

이 비유에서 주목해야 할 종은 바로 두 달란트 받은 종이다. 예수님께서 그 종이 세 달란트를 받았다고 하지 않으시고 두 달란트를 받았다고 하신 것은 참으로 깊은 뜻이 있다고 생각한다. 그 종이 받은 두 달란트는 다섯 달란트보다 한 달란트 쪽에 가깝기 때문이다. 그러나 그 종은 자기가 받은 것을 다섯 달란트 받은 종과 비교하지 않고 자기의 가진 것을 가지고 최선을 다하여 활용한 것이다.

교회의 영적 지도자로 부름을 받은 장로들에게 하나님께서 주시는 은사는 결코 작은 것이 아니다. 물론 다섯 달란트를 받은 사람들도 있다. 그러나 우리는 대부분 두 달란트 혹은 한 달란트를 받은 자들이다. 그것이 결코 작은 것이 아니다. 50만 불 (한 달란트) 내지 백만 불(두 달란트)이나 되는 값진 것들이다. 그 은사를 "가볍게 여기지 말며" 그것들을 땅에 묻어두지 말고 최선을 다하여 활용해야 한다.

예수님은 우리에게 있는 은사가 작건 크건 그것들을 사용하기를 원하신다. 어느 날 목공소에서 연장들의 회의가 열렸다고 한다. 사회는 평소와 같이 "망치"가 보았다고 한다. 회의에서 어떤 의제가 결정되면 망치로 두드려야 하기 때문이다. 그런데 회의 도중에 회원 몇이 사회자인 망치에 대하여 불만을 터뜨렸다. "망치는 항상 깨고 부수며, 늘 소란을 피우니 여기서 떠나야 합니다." 그러자 망치가 말한다. "좋습니다. 나 스스로도 나의 결점을 인정하므로 이곳을 떠나겠습니다. 하지만 나와 함께 떠나야 할 자가 있으니 그가 바로 '대패'입니다. 왜냐하면 대패는 늘 남의 껍질을 감싸기보다는 벗기기만 하기 때문입니다." 이에 화가 난 대패가 말한다. "나 뿐만이 아니라 '자'도 떠나야 합니다. 왜냐하면 '자'는 항상 자기만 옳은 척 하면서 늘 남을 재기 때문입니다." 그러자 "자"도 일어나서 "톱"을 가리키면서 한 마디 한다. "톱도 떠나야 합니다. 톱은 항상 남을 자르며 사이를 갈라놓습니다. 연합운동을 하기보다는 항상 분리하고 있는 톱은 우리들 사이에서 사라져야 합니다." 이렇게 연장들이 서로의 결점을 지적하면서 싸우고 있을 때에 목수 되시는 예수님이 그 목공소에 들어오셨다. 그는 말없이 모든 연장들을 다 사용하셔서 훌륭한 설교단을 만드셨다는 이야기이다.

우리 모두가 예수님께 사용될 수 있는 귀한 일꾼들임을 가르쳐주는 예화이다. 그러므로 우리는 자신의 은사도 귀한 것으로 여기며 잘 활용해야 하고, 남이 가진 은사들도 귀중히 여기며 그들과 함께 마음을 합하여 주님을 위하여 일해야 하는 것이다.

장로 훈련 교재

5. "너의 성숙함을 모든 사람에게 나타나게 하라"
   (4:15)

   교회의 영적 지도자로 부름을 받은 일꾼들은 남들을 신앙으로 지도하는 것도 중요하지만, 그것보다 더 중요한 것은 자신이 신앙적으로 계속하여 자라가야 한다는 것이다. 어제보다는 오늘의 신앙이 더 앞서 있어야 한다. 그리고 오늘보다 내일의 신앙이 더 성숙해져야 한다.

   이민 교회를 오래 목회하면서 종종 교인들로부터 듣는 말이 있다. 자신의 신앙이 한국에 있을 때는 굉장히 두터웠다는 것이다. 교회 봉사도 많이 했다는 것이다. 그런데 지금은 상황이 달라져서 그 전처럼 잘 안 된다는 것이다. 그 분들의 말과 안타까운 심정을 이해 못하는 것은 아니지만, 그래도 모든 상황을 초월하여 날마다 신앙의 성숙함을 이루어야 하지 않겠는가 하는 안타까운 생각을 갖게 된다.

   교회의 장로로 피택되었다는 의미가 그 동안의 신앙생활을 잘한 업적을 인정받아 높은 신령상의 직책을 받게 되었다는 의미가 절대로 아니다. 그동안 작은 일에 충성하였으니, 이제 더 큰 사명을 감당하라는 하나님의 부르심이다. 더 깊은 영성을 향하여 새로운 각오로 출발하라는 하나님의 명령이시다. 신앙의 큰 진보를 이루어 남들에게 신앙의 본을 보여주라는 하나님의 요청이다.

   우리를 영적으로 묶어 놓았던 옛 모습과 습관들을 끊어 버리는 것을 예수님은 영적 "가지치기"라는 말로 가르쳐 주셨다. 크고 충실한 열매를 맺게 하는 데 도움이 되지 않는다고 판단되는 가지를 잘라 내는 것이다. 그리고 모든 나무의 영양분을 열매 맺는 가지에 집중시켜 주는 것이다. 그래야 그 나무는 크고 충실한 열매를 맺을 수 있는 것이다.

   "무릇 내게 붙어 있어 열매를 맺지 아니하는 가지는 아버지께서 그것을 제거해 버리시고 무릇 열매를 맺는 가지는 더 열매를 맺게 하려 하여 그것을 깨끗하게 하시느니라" (요한복음 15:2).

신앙생활과 영성   99

우리의 심령 밭에서 자라고 있는 믿음의 나무도 마찬가지이다. 크고 탐스러운 성령의 열매들이 우리의 삶에 주렁주렁 맺혀지기를 원한다면 가지치기를 해야 한다. 크고 충실한 성령의 열매들을 맺게 하는데 도움이 되지 않는다고 판단되는 삶의 잔가지들을 모두 잘라내야 한다. 우리의 삶에는 크고 작은 가지들이 많이 있다. 어떤 가지들은 꼭 있어야 하는 가지일 것이다. 우리들의 가정, 교회, 직장과 사업, 그리고 건전한 취미생활 등이 그러한 가지들일 것이다.

그런데 우리의 삶에는 그런 가지들만이 있는 것은 아니다. 우리의 삶을 자세히 점검해 보면, 꼭 필요한 것이라고 말할 수 없는 자질구레한 가지들도 많이 있다. 적당히 삶을 즐기게 해주는 가지들도 있을 것이다. 우리의 온 정신을 다 빼앗을 만큼 화려하고 매력적인 가지들도 있을 것이다. 또 우리가 지금 원하지는 않지만, 이미 제거해 버리기에는 너무 나의 삶 속에 깊이 들어와 있는 가지들도 있을 것이다.

물론 그러한 가지들도 그 나름대로 존재하는 이유들이 있다고 변명할 수는 있을 것이다. 그러나 우리가 반드시 물어야 할 질문이 있다. 그것은 "그 가지들이 과연 나로 하여금 성령의 귀한 열매들을 풍성하게 맺게 하는 데 도움을 주는가? 아니면 방해가 되는가?" 하는 것이다. 그리고 만일 그 질문에 부정적인 대답을 주는 가지들이 있으면 과감히 가지치기를 해야 한다. 힘들어도 해야 한다. 왜냐하면, 그 방법만이 풍성하고 탐스러운 성령의 귀한 열매들을 맺게 하는 것이기 때문이다.

예수님은 우리에게 넓은 길을 택하지 말고, 좁은 길을 택하라고 말씀하신다. 넓은 길이 좋아 보이듯이, 가지가 많은 나무는 멋있어 보인다. 가지치기를 하지 않은 사람들의 삶이 화려해 보일 수도 있다. 그러나 그 나무에는 탐스러운 신앙의 열매들이 결코 맺혀지지 않는다. 반면에 가지치기를 많이 한 나무가 볼품이 없어 보이듯이, 가지치기를 많이 한

장로 훈련 교재

성도들의 삶은 단조로워 보일 수도 있다. 그러나 그러한 삶이 하나님 앞에서 신실한 삶이다. 그러한 성도들의 삶에 신앙의 귀한 열매들이 주렁주렁 열리게 되는 것이다. 가지치기를 하지 않은 사람들의 삶은 "성공한 것 같지만 실패한 삶이요", 가지치기를 한 성도들의 삶은 "실패한 것처럼 보이지만, 성공한 삶"인 것이다.

너무 오래 된 습관들이라 제거하기가 힘든가? 가지를 쳐내는 아쉬움이 있을 것이다. 아픔도 있을 것이다. 그러나 우리가 하나님의 뜻에 순종하는 마음으로 그러한 가지들을 쳐낸다면, 하나님은 우리들에게 놀라운 축복과 기쁨을 주실 것이다. 그전에는 알지도 못하였던 신령한 기쁨과 축복을 우리에게 주실 것이다.

몇 가지 예를 들면, 술로 인하여 느꼈던 작은 위로와 기쁨의 가지를 과감히 제거하면, 하나님은 우리에게 새 술인 성령에 취하여 사는 큰 기쁨과 축복을 주실 것이다. 육신의 정욕대로 살면서 느꼈던 짜릿한 기쁨의 가지를 과감히 제거하면, 하나님께서는 성령의 소욕대로 살면서 느끼는 신령한 기쁨과 하늘의 영광을 맛보게 해주실 것이다. 물질의 욕심과 사치하려는 가지를 제거하면, 하나님께서는 우리의 마음을 부요하게 해주실 것이다. 성공지향적인 조급한 마음으로부터 놓이게 하시며, 우리에게 참 자유를 주실 것이다.

어느 예화집에서 읽은 이야기가 있다. 아프리카에서 원숭이를 잡으려면, 겨우 손을 펴야 들어갈 수 있는 항아리 속에 원숭이가 좋아하는 먹이를 놓아두면 된다고 한다. 그리고 그 항아리를 땅에 묻어 둔다. 원숭이들은 냄새를 맡고 그 항아리로 다가간다. 그리고 손을 펴서 그 항아리 속에 있는 먹이를 움켜쥔다. 그리고 손을 빼려고 한다. 그런데 움켜진 원숭이의 손이 그 항아리에서 나오지 않는다. 먹이를 움켜진 손을 다시 놓아야 손이 빠져 나올 텐데, 원숭이는 절대로 움켜진 먹이를 놓지 않는다. 사람들이 그 원숭이를 잡으러 여유 있게 걸어간다. 그래도 원숭이는 먹이를 놓지 않는다. 결국 원숭이는 사람에게 잡힌다.

우리의 삶 속에서 움켜쥐고 있는 것들을 놓아야 한다. 과감히 버려야 한다. 가지치기를 해야 한다. 아쉬워도, 어려워도 영원한 삶을 위하여 가지치기를 해야 한다. 아쉽다고, 어렵다고 계속 가지고 있으면, 우리들의 영혼이 망가진다. 결국에 가서는 사탄에게 잡히고 만다. 그러나 버리면 산다. 과감히 가지를 치면 우리들의 신앙에 큰 진보가 있게 될 것이다. 이것이 영적 열매를 풍성하게 맺으며 신앙의 진보를 가져오는 성경적 법칙이다.

6. "이 일을 계속하라" (4:16)

우리말에 성공하는데 필요한 쌍기역으로 시작되는 7가지 비결로 알려진 단어들이 있다. "꿈" (Vision), "꾀" (Wisdom), "끼" (Talent), "깡" (Courage), "꾼" (Professionalism), "꼴" (Attitude), 그리고 "끈"(Relationship)이 그것들이다. 그런데 이것들 모두를 가져도 마지막 한 가지를 갖지 못하면 성공을 할 수 없다는 것이다. 그것이 바로 "끝"(Endurance)이라고 한다. 끝까지 해야 한다는 말이다. 단순한 유머 같지만, 매우 의미 있는 말이라고 생각한다.

"뿌리 깊은 영성"에 도달하기 위하여 믿음의 말씀과 선한 교훈으로 양육을 받기 위하여 말씀을 읽고, 묵상하고, 연구하고, 경건에 이르는 훈련을 열심히 행하는 것도 중요하다. 날마다 믿음을 실천하며 많은 사람들에게 신앙의 본을 보이는 것도 중요하다. 하나님께로부터 받은 은사를 최대한으로 활용하여 하나님께 영광을 돌리는 삶도 중요하다. 신앙의 성숙함을 이루기 위하여 삶의 불필요한 가지들을 제거하는 것도 중요하다. 그러나 그 모든 것이 진정한 효과를 내려면 중단하지 아니하고 그 일들을 계속하는 것이 중요하다.

등산이 건강에 좋다는 말을 많이 들었다. 그래서 친구 목사님들과 함께 월요일마다 등산을 하기로 약속하였다. 그리고 몇 번 등산을 갔다. 그런데 여러 가지 바쁜 일들이 생겨서 등산을 계속하지 못했다. 등산하여 산 정상에 오르면 갑자기 내가 건강해진 느낌을 받곤 한다. 그런데 한 번 등산했다고 건강이 갑자기 좋아지는 것이 아니다. 결심하였으면 끝까지 해야 등산의 효과가 나타나는 것이다. 건강식품을 몇 번 먹었다고 갑자기 건강이 좋아지는 것이 아니다. 끝까지 그것을 먹어서 체질이 변해야 효과가 나타나는 것이다. 세상에는 어느 것 하나 몇 번 시도했다고 효과를 보는 것이 없다. 끝까지 해야 한다.

우리말에 "가다가 중지 곧 하면 아니 간만 못하다"는 말도 있지 않는가? "뿌리 깊은 영성'을 갖기 위한 우리들의 노력도 마찬가지이다. 끝까지 하는 것이 중요하다. 하나님의 말씀을 읽겠다고 결심하였으면 그 말씀이 나의 삶 속에서 참 축복으로 경험될 때까지 끝까지 읽고 지키는 것이 중요하다. 때때로 그 말씀이 이해가 되지 않더라도 끝까지 읽어야 한다. 어떤 때는 잘 믿어지지 않더라도 끝까지 읽어야 한다. 어떤 때는 지키기가 좀 어렵더라도 끝까지 그 말씀을 지켜야 한다. 그래야 말씀이 주는 약속이 나의 삶에 결국에 가서는 이루어지게 됨을 경험할 것이다. 이것이 바로 "뿌리 깊은 영성"을 위한 성경적 원리이다.

나가는 말

교회의 "영적 지도자"인 장로로 부름을 받은 사람들은 주님의 선한 일꾼들이 되어야 한다. 장로로서 교회에서 해야할 일들이 많이 있을 것이다. 그러나 그 일들을 열심히 감당하는 것보다 더 중요한 것은 "뿌리 깊은 영성"의 소유자가 되는 것이다.

부활하신 예수님께서 베드로에게 나타나셔서 새로운 소명을 주시기 전에 세 번씩이나 물으신 질문이 있었다. 그것이 "네가 나를 사랑하느냐?" 라는 질문이었다. 주님을 깊이 사랑하는 영성이 감당해야 할 사명보다 더 크기 때문이다.

예수님을 깊이 사랑하며, 예수님과 깊은 영적 교제를 나누고, 말씀을 통하여 예수님의 마음과 구원의 비밀을 깊이 깨닫고, 그 말씀을 날마다의 삶에 구체적으로 실천하는 신실한 삶을 통하여 많은 사람들에게 깊은 영적 영향력을 끼칠 수 있는 장로님들이 되시기를 바란다.

앞에서도 언급하였듯이 장로의 직분이란 교회에서 요란한 소리를 내면서 남들을 다스리며 인도하는 것이 아니다. 얕은 물은 요란한 소리를 내며 흐르지만, 깊은 물은 조용히 흐른다. "뿌리가 깊은 영성"의 사람들도 마찬가지이다.

교회는 능력 있는 지도자보다 덕을 쌓아가는 지도자를 필요로 한다. 깊은 영성을 가지고, 조용히 남을 섬기며, 성도들을 돌보는 지도자를 필요로 하다.

교양 잡지인 *좋은 생각* (2005년도 3월호)에 다음과 같은 글이 있다.

나는 당신의 초승달입니다.

나는 당신의 태양이 아닙니다.
나는 당신의 초승달입니다.
빛은 아니라도 나 홀로 쓸쓸하여 당신의 외로움에

동참하는 여린 초승달입니다.
나는 당신의 등대가 아닙니다.
나는 당신의 가로등입니다.
당신 삶의 목표가 아니라
당신과 함께 한 발짝씩 걸어가는 가로등입니다.

나는 당신의 전등이 아닙니다.
나는 당신의 하얀 양초입니다.
당신 가슴의 모든 불이 꺼졌을 때
손 내밀면 잡히는 작은 양초입니다.

나는 당신의 강이 아닙니다.
나는 당신의 작은 옹달샘입니다.
당신 삶 전체를 적시지는 못해도
목마를 때 찾아오면 목을 축여 주는
산 속의 옹달샘입니다.

나는 당신의 여객선이 아닙니다.
나는 당신의 전마선입니다.
큰 배가 닿을 수 없는 포구에
당신의 작은 하루를 내려놓는 전마선입니다.

나는 당신의 고속도로가 아닙니다.
나는 당신의 오솔길입니다.
당신을 빨리 가게 할 수는 없지만
즐겁게 가게 하는 작은 오솔길입니다.

나는 당신의 하늘이 아닙니다.
나는 당신의 구름 한 조각입니다.
너무 막막하여 한숨 쉴 때
잠시 눈길 머물게 하는 구름 한 조각입니다.

많은 사람들은 하나님께서 자기에게 맡겨주신 물질과 권력
과 명예 등을 사용하여 남들의 "태양"이 되려하고, "등대"와
"전등" "강" "여객선" "고속도로" "하늘"이 되려고 한다. 그

러나 위의 글은 서로가 서로에게 "초승달"이 되어주며, "가로등"이 되어주고, "하얀 양초"와 "옹달샘", "나룻배"와 "오솔길", 그리고 "구름 한 조각"이 되어 서로를 섬기는 삶이 얼마나 귀중함을 가르쳐 주고 있는 것이다.

오늘날 교회는 그러한 영적 지도자들을 필요로 한다. "뿌리 깊은 영성"을 가진 지도자, 많은 성도들에게 좋은 신앙의 본을 보이는 지도자, 권위와 권리를 주장하는 지도자가 아니라, 남을 섬기며 돌보는 겸손한 지도자. 하나님께 인정받고 많은 성도들에게 사랑과 존경을 받는 지도자. 장로님께서도 그러한 지도자가 될 수 있다.

C. 토의 주제

1. 나는 예수님께서 베드로에게 물으신 "네가 나를 사랑하느냐?" 라는 질문에 "네 제가 주님을 심히 사랑합니다" 라고 대답할 수 있는가?

2. 나는 "뿌리 깊은 영성"을 갖기 위하여 어떤 노력들을 하고 있는가?

3. 나는 많은 성도들에게 좋은 영적 영향력을 끼치고 있는가?

제 V 부

지도자

김정호 목사

장로 훈련 교재

들어가는 말

하나님은 하나님의 일을 위해 교회를 세우셨다. 예수님의 이름으로 모이는 모든 교회는 하나님의 일을 하기 위해 세움 받았다. 연합감리교회의 존재목적은 "예수 그리스도의 제자 만들기"이다. 제자는 기본적으로 예수님의 복음으로 변화되어 예수님 말씀에 따라 사는 사람이다.

교회 지도자는 우선 예수님의 제자가 되어야 한다. 이 목적을 위해 "그리스도의 선물의 분량대로 은혜"(에베소서 4:7)를 받아서 직분자로 세움 받은 것이다. 직분자의 사명은 "성도를 온전하게 하며 봉사의 일을 하게 하며 그리스도의 몸을 세우"기 (에베소서 4:12) 위해 하나님이 세워 주신 것이다. 요한 웨슬리 목사도 성경적 경건을 제시하면서, 개인적 경건으로 예수님을 그리스도로 고백하는 은혜의 삶과 사회적 경건으로 예수 사랑을 실천하는 사랑의 나눔과 섬김의 삶을 살면서 세상을 하나님의 나라로 만들어 가는 거룩한 사명을 가지고 감리교회가 존재하기를 바랐다.

이 세상을 구원하는 소망은 예수 그리스도의 생명과 사랑의 복음을 증거하는 교회에 있다. 하나님의 일을 위해 세움 받은 직분자들은 세상구원의 소망을 담은 교회를 강건하게 세우기 위해 겸손하게 배우고, 충성되게 섬기는 지도자가 되어야 할 것이다.

오늘날 많은 교회들이 부흥하기를 소원하고 있다. 그러나 부흥(Revival)은 사람들이 노력한다고 해서 이루어지는 것이 아니다. 부흥은 전적으로 하나님의 주권적인 역사이다. 하나님 말씀의 선포와 기도를 통해 오는 하나님의 선물이 바로 부흥이다. 지도자들은 하나님이 일으키시는 부흥의 걸림돌이나 장애가 되지 않고 부흥의 역사에 순종해야 한다. 교회 지도자들이 노력해야 하는 것은 갱신(Renewal)과 재활성(Revitalization)

이다. 갱신은 잃었던 것을 회복하여 제자리를 찾는다는 뜻이다. 이러한 의미에서 감리교회의 갱신은 감리교회의 존재목적을 회복하는 것이며, 지도자들은 이런 갱신으로의 초대에 응답해야 한다. 지도자들이 또 하나 노력해야 할 것은 재활성이다. 재활성이란 부흥과 갱신을 위해 성곁적 원리에 근거하여 건강한 교회, 건강한 성도, 건강한 가정을 만드는 과정과 결과이다. 이것은 세움 받은 지도자들이 성도를 온전하게 하고 교회를 강건하게 하기 위해 배우고 훈련 받으며 헌신으로 수고해서 이루는 열매이다.

교회의 지도자들에게는 세상을 구원할 소망이 교회에 있다는 확신이 있어야 한다. 이 확신이 있어야 지도자로 세움 받은 것을 귀하고 거룩하게 여길 수 있다. 그리고 하나님이 교회에 일으키시는 부흥의 역사에 순종할 수 있다. 이 소망은 그리스도를 닮아가는 지도자들에게 있다. 하나님은 그가 쓰시려고 세우신 교회 지도자들을 통해서 교인들에게 감동과 꿈을 주는 비전을 제시하고 함께 주님의 몸 된 교회를 강건하게 세울 팀을 세우시기를 원하신다.

하나님이 세우신 지도자들에게는 하나님의 눈으로 세상을 보는 믿음이 있어야 한다. 세상만이 아니라 자기 자신도 하나님이 보시는 눈으로 볼 수 있어야 한다. 그래서 "내가 무엇을 할 수 있는가?"에 대한 관심이 아니라, "하나님이 무엇을 하시는가?"에 관심을 가져야 한다.

그래서 지도자들은 자기 자신에 대해 자신감을 잃었던 모세를 생각해 보아야 한다. 모세는 민족을 구원할 자신감이 없었지만, 하나님은 그를 필요로 하셨고, 그를 세우셨다. 하나님이 모세를 세우시면서 기본적으로 두 가지 질문을 하셨다. 첫째는, 불이 꺼지지 않는 떨기나무를 통해서 모세의 가슴속에 감추어져 있던 꺼지지 않는 불은 어떤 것인가? (What's in your heart?) 둘째는, 아무것도 가진 것이 없다는 모세의 생각과는 달리 그의 손에 있는 것은 무엇인가이다. (What's in your hand?) 하나님은 지도자들에게 나약한 자기 자신을 보기보다는 하나님이 그의 가슴속에 담아주시고 손으로 붙잡게 하신 그 것을 보라고 말씀하시는 것이다. 이는 곧 하나님의 능력을 믿는 믿음으로 하나님의 일을 하는 것이다.

교회 변혁의 핵심은 평신도사역의 활성화라고 할 수 있다. 이것은 평신도들에게 주어진 사역의 권위와 사명을 뜻한다. 21세기 모델교회의 하나인 크라이스트연합감리교회(Christ UMC)를 부흥시킨 딕 윌스 (Dick Wills) 감독은 "교회의 부흥은 하나님이 우리들의 교회에 가지고 계신 그 꿈을 다시 꾸는 것이다." 라고 말한다. 하나님이 평신도들에게 가지고 있는 비전을 우리가 다시 꿈꾸고 일어날 때 우리 교회는 하나님이 마음껏 아름답게 쓰시는 교회로 거듭나는 것이다. 평신도 지도자들은 이런 꿈을 다시 꾸는 사람들로 세움 받은 것이다.

교회는 목적이 움직이는 교회가 되어야 한다. 이를 위해 교회는 하나님께 붙잡히는 지도자를 양육해야지, 지도자가 사람을 붙잡는 교회가 되기를 거부해야 한다. 그 사람이 하나님께 붙잡히도록 도와야 진정한 하나님께 붙잡힌 사람을 양육하는 교회가 될 수 있기 때문이다. 찰스 스탠리 (Charles Stanley) 목사는 크리스천의 "성공은 하나님이 원하시는 사람이 되기 위한 계속적인 발전이며 하나님이 당신을 위해 세워 놓으시고 도우시는 목적을 달성하는 것이다" 라고 말한다. 이는 하나님이 이 시대에 우리 한인연합감리교회를 세우시고 교회의 지도자로 부르셨을 때는 한 사람 한 사람에게 하나님의 소망이 있고, 목적이 있다는 것을 말해 준다.

장로 훈련 교재

1장
교회의 지도자란 누구인가?

    교회의 지도자는 "선한 일을 사모하는 자"이다 (딤전 3:1). 지도자가 되려는 열망은 하나님이 주신 거룩한 야망이다. 믿음 안에서 하나님이 주시는 거룩한 꿈을 가지고 하나님에게 쓰임 받는 것은 잘못된 것이 아니다. 잘못된 것은 자신의 명예와 야망을 이루려고 하나님 중심이 되지 못하는 것이다.

    교회 지도자는 영향력을 발휘하는 사람이다. 영향력이 없으면 지도자가 아니다. 지도자는 다른 사람들에게 주님을 따르도록 영향력을 발휘하는 사람이다. 문제는 교회를 세우는 선한 영향력인가, 아니면 교회를 쓰러뜨리는 악한 영향력인가 하는 것이다. 올바른 평신도 지도자는 그리스도의 몸 된 교회를 강건히 세우는 선한 영향력을 발휘하는 사명을 가진 이들이다. 그 사명은 자기가 영향을 끼쳐야 하는 교인들을 하나님의 목적을 향해 이끌어 가는 것이다.

    교회 지도자는 하나님의 능력을 받아야 한다. 능력이 없는 지도자는 교회를 무능력하게 만들고 혼돈에 빠지게 한다. 하나님의 능력을 받기 위해서는 말씀과 기도에 열심을 내야하고, 하나님의 능력이 필요하기 때문에 겸손해야 한다. 지도자에게 필요한 것은 인간의 능력(ability)이 아니라, 하나님께 쓰임 받으려는 헌신의 자세(availability)가 필요한 것이다. 세상적인 능력은 교회의 덕을 세우지 못하고 깨뜨리기가 쉽다. 그렇기 때문에 지도자는 하나님이 주시는 능력을 겸손하게 간구해야 한다. 또한 모든 능력은 하나님의 목적을 위해 쓰고자 하는 믿음의 헌신에 바탕을 두어야 한다. 지도자는 지위를 권위로 여기는 생각을 버리고, 하나님이 주시는 은사와 능력으로 교회를 위해서 구체적으로 쓰임 받는 일꾼(servant, minister)이 되어야 한다.

피터 와그너(Peter Wagner)는 "리더십이란 장래를 향한 하나님의 목적을 목표로 삼고 그 목표를 자발적이고 기쁜 마음으로 성취할 수 있도록 다른 사람들에게 전수시킴으로 하나님께 영광을 돌리게 하는 하나님이 주신 특별한 능력이다" 라고 말한다. 진정한 리더십은 하나님의 목표를 위해서 일하는 것이지 자신의 욕심을 채우기 위하여 일하는 것이 아니다. 따라서 참된 지도자는 리더십이 하나님께 영광을 돌리기 위해서 하나님이 주신 특별한 능력임을 겸손하게 인정해야 한다.

베드로는 "각각 은사를 받은 대로 하나님의 여러 가지 은혜를 맡은 선한 청지기 같이 서로 봉사하라"(벧전 4:10)고 권면했고, 바울도 "사람이 마땅히 우리를 그리스도의 일꾼이요 하나님의 비밀을 맡은 자로" (고전 4:1) 여기라고 하였다. 지도자는 사명을 위임받은 청지기요, 하나님의 비밀을 맡은 일꾼들이다. 따라서 지도자는 자기가 책임 맡은 일에 대한 평가를 반드시 받아야 할 때가 온다는 것을 알아야 한다. 바울이 "우리 안에 거하시는 성령으로 말미암아 네게 부탁한 아름다운 것을 지키라"(딤후 1:14)고 디모데에게 말한 것 같이 지도자들은 자기에게 주어진 사명을 거룩하게 여기고 지켜야 할 것이다.

교회 지도자는 만들어지는 사람이다. 섬김의 지도자이기 때문에 하나님의 손으로 만들어지는 것이다. 교회 지도자는 사람들을 장악하려는 통치자(Ruler)가 아니며, 사람들을 관리하는 관리자(Manager)도 아니다. 교회 지도자는 섬기는 자세로 성도들을 예수님에게 이끄는 사람이다. 그러므로 교회의 지도자들은 나보다 남을 낮게 여기는 겸손함을 가지고 함께 배워 가는 자세로 이끌고 섬겨야 하는 것이다.

2장

각 분야에서 배우는 리더십

1. 복음서에서 배우는 리더십

복음서가 말하는 지도자는 종 (마가복음 10:42-45), 목자 (요한복음 10:7-15), 청지기(누가복음 12:42-48)이다.

1) 교회 지도자는 예수님 말씀에 순종해서 섬기는 종으로서의 리더십이다. "너희 중에 누구든지 크고자 하는 자는 너희를 섬기는 자가 되고 너희 중에 누구든지 으뜸이 되고자 하는 자는 모든 사람의 종이 되어야 하리라" (막 10:43-44).

2) 선한 목자에게 주어지는 헌신적 돌봄의 리더십이다.

"나는 선한 목자라 선한 목자는 양들을 위하여 목숨을 버리거니와" (요 10:11). 선한 목자는 양들을 돌보고, 보호하고, 그들에게 풍성한 꼴을 먹이는 능력이 있어야 한다. 그리고 예수님과 같이 교회를 위해 십자가를 지는 헌신이 요구된다.

3) 청지기의 리더십이다.

"각각 은사를 받은 대로 하나님의 여러 가지 은혜를 맡은 선한 청지기 같이 서로 봉사하라" (벧전 4:10).

2. 연합감리교회의 가치관에서 배우는 리더십

연합감리교회에서 가장 중요하게 생각하는 가치관은 요한 웨슬리가 제시한 "본질에는 일치, 비본질에는 자유, 모든 일에 사랑으로" (In Essentials Unity, Non-Essentials Liberty, In All Things Charity)이다. 그런데 많은 교회들의 문제는 본질적인 문제보다는 비본질적인 문제에 있어서 일치를 가져오려고 하는 데서 문제가 생긴다. 생각은 서로 달라도 예수 그리스도 안에서 하나가 되는 일치가 중요하다. 이것이 연합감리교회가 제시하는 '다양함 속에서 일치'(Unity in Diversity)인 것이다. 이와는 달리 획일적(uniformity)인 사고방식은 공동체의 발전을 저해하는 요소이다. 지도자는 일치와 획일의 차이점을 분명하게 구별해야 한다.

3. 베네딕도 (Benedict) 영성에서 배우는 리더십

로마 가톨릭 베네딕도 (Benedict) 수도원 전통에서 제시하는 지도자의 덕목은 다음과 같다.

1) 경청(Listening)이다. 영적으로 진실한 것에 귀 기울이는 것을 말한다.

2) 겸손(humility)이다. 겸손은 무엇보다 하나님이 하나님 되시도록 인정해 드리는 것이고, 순종하는 것이다. 지도자에게 있어서 자기가 하나님처럼 생각하고 행동하는 것은 가장 위험한 노릇이다. 어느 누구도 하나님의 이름을 빌어 행하려는 어떤 권위주의를 인정하면 안 된다.

3) 공동체(community)를 귀하게 여기는 것이다. 함께 일하고 사랑하고 섬기고 나누는 것이다. 아무리 우수한 사람이라도 교회 공동체의 지혜와 능력을 무시하면 공동체의 덕을 깨는 것만이 아니라 교회가 예수 그리스도의 몸이라는 것을 망각하는 것이다.

4) 환대(welcoming)이다. 사람을 차별하지 않고 환영하는 것이다. 교회에서 사람을 배척하는 것이 아니라 모든 사람이 들어오도록 초대하는 것이다. 어느 누구도 하나님의 사랑과 예수 그리스도의 은혜에서 배척당하는 일이 없어야 한다. 교회 공동체에서 서로가 예수 그리스도를 대하듯 해야 하는 것이다.

4. 손자병법에서 배우는 리더십

손자병법에서 지도자의 덕목은 다음과 같다.

1) 지(wisdom)이다. 여기서 말하는 지는 자기에게 주어진 일이 무엇인지 파악하는 분별력이다. 이것은 문제를 만드는 능력이 아니라, 문제를 해결하는 능력이다. 지도자에게 가장 중요한 덕목은 하나님의 뜻을 헤아리는 분별력이다.

2) **신(sincerity)이다.** 지도자들은 따르는 사람들로부터 신뢰를 받아야 할뿐만 아니라, 지도자를 따르는 사람들에게 신뢰감을 주어야 한다.

3) **인(benevolence)이다.** 지도자는 다른 사람들의 필요를 알아서 돌보아 주고, 함께 아파하며 기뻐하고, 무엇보다 너그러운 마음으로 섬기는 자세가 요구된다.

4) **용(courage)이다.** 교인들을 불안하게 만들고 사기를 꺾어놓는 그런 무책임한 지도자가 아니라, 용기를 주어 마음을 안정시키고 믿음으로 승리하도록 안내하는 능력이다.

5) **엄(strictness)이다.** 이것은 정의를 말한다. 옳고 그름에 대한 질서를 말한다. 사사로운 개인의 감정과 이익관계로 좌지우지 하는 것이 아니라 교회의 질서를 지키기 위해서 바른 판단과 결정을 실천에 옮기는 능력이다.

5. 경영 철학에서 배우는 리더십

1) 벤처회사 홈즈(Venture Homes)가 완전을 향하는 질의 향상 프로그램 (Total Quality Management Program)

벤처회사 홈즈는 2000년도 경영에 있어서 미국 최고의 평가를 받은 회사인데, 이 회사의 세 가지 원칙은 고객의 필요에 초점을 맞추라, 지속적으로 개선하라, 그리고 모든 직원들을 참여시키라는 것이다. 이와 같은 원칙을 교회에 적용한다면 지도자는 평신도들의 관심을 살피고, 그들과 함께 하나님께 영광을 돌리고, 교회 공동체의 발전을 위해서 지속적인 개선 노력과 더불어 평신도들을 이 과정에 참여시키는 방법을 적극적으로 모색해야 한다.

2) 마이크로소프트(Microsoft)사의 모토

마이크로소프트사의 모토는 "끌어안고 확장하기"(Embrace and Expand)이다. 동양적인 표현으로는 온고지신(溫故知新)이다. 지도자는 과거를 귀하게 여기면서 새로운 발전을 위해 새로운 변화를 수용하는 능력을 갖추어야 함을 강조하는 말이다.

3) 카네기(Carnegie)의 인간관계론

데일 카네기(Dale Carnegie)는 그의 책 *카네기 인간관계론 (How to Win Friends and Influence People)*에서 사람을 움직이게 하는 세 가지 방법을 제시한다. ① 비난, 비평, 불평을 하지 말라는 것이다. 따라서 리더로서의 역량을 알아보려면 자신을 반대하는 사람들을 어떻게 다루는지를 보면 된다. 만약 그가 반대하는 사람과 똑같이 비난한다면, 그는 그저 그런 리더에 불과한 경우가 많다. 하지만 자기를 반대하는 사람들에 대한 비난이나 비판, 불평을 스스로 절제하려고 노력한다면 그는 탁월한 리더일 가능성이 높다. ② 칭찬과 감사를 표현하라는 것이다. 지도자는 다른 사람들을 움직이는 능력이 필요하다. 사람을 움직이는 가장 중요한 능력 가운데 하나는 사람들 스스로가 최고의 가능성을 개발하도록 격려하는 것인데 그것의 가장 효과적인 방법이 바로 칭찬과 격려이다. ③ 다른 사람들의 열렬한 욕구를 불러일으키라는 것이다. 교회 사역도 그러하다. 바울은 이를 '심령의 매임'이라고 한다. 지도자는 강요하는 사람이 아니라 감동을 주어 사역에 대한 거룩한 소명을 불러일으키는 능력을 소유해야 한다.

4) 삼성그룹 이건희 회장의 '지도자가 해선 안 될 것'

과감한 인재등용과 인력관리를 통해서 삼성그룹을 굴지의 기업으로 성장시킨 이건희 회장은 변화의 시대에 진정한 리더십을 발휘하기 위해서는 다음과 같은 일들을 하지 말아야 한다고 말하고 있다.

① 숫자를 중시하고 쫀쫀하게 작은 것만 챙기지 말라. ② 거짓말을 하지 말라. ③ 같은 실수를 반복하지 말라. ④ 발상의 차원을 낮추지 말라. ⑤ 직함에 안주하지 말라. ⑥ 자기에게 충성을 요구하지 말라. ⑦ 실패할 경우를 대비해 핑계거리를 생각해 두지 말라. ⑧ 부하나 타인의 공적을 가로채지 말라. ⑨ 사내 정치에 정신을 팔지 말라. ⑩ 사람을 키워야지 소모품으로 여기지 말라.

장로 훈련 교재

3장

교회 지도자에게 필요한 리더십의 훈련

리더십이란 자기에게 맡겨진 공동체의 실제적인 필요를 채우기 위해 건전한 목표를 향하여 그 공동체가 나아갈 수 있도록 영향력을 의도적으로 행사하는 것이다. 이를 염두에 둘 때 아래와 같은 리더십에 대한 훈련이 오늘 우리 교회에 요구된다.

1. 회의를 하거나 사역할 때 획일적인 리더십보다는 의견이 다르더라도 주의 몸 된 교회를 건강하게 더불어 살아갈 수 있도록 이끄는 열린 마음을 가질 것.

2. 교회의 현실을 객관적으로 보지 못하고 자기 정당화에 집착하는 리더십에서 계속적인 발전을 도모하기 위해 변화를 두려워하지 않고 객관적인 평가를 환영하며 겸손하게 잘못을 인정하고 변화하려는 성숙한 생각과 태도를 가질 것.

3. 근시안적인 눈에서 장기적인 비전을 바라볼 것.

4. 항상 열심히 배우려는 겸손을 지향할 것.

5. 교회 직원들이나 사역자들을 소모품으로 여기는 생각을 버리고, 그들에게 성장할 수 있도록 기회를 제공하며 사람을 귀하게 여기는 마음을 가질 것.

6. 자기 잘못을 겸손하게 인정할 수 있고 동시에 다른 사람의 잘못을 너그럽게 이해할 수 있는 넓은 아량을 가질 것.

7. 문제에 대한 책임전가에서 문제 해결을 위한 시스템의 변화를 꾀하는 분별력 있는 책임감을 가질 것.

8. 직분에 대한 권위를 행하는 것보다는 연약한 사람을 강건하게 세우기 위해 하나님으로부터 주어진 능력을 발휘하는 사랑을 행할 것.

9. 중요한 결정을 자기가 내려야 한다는 아집에서 다른 사람도 의사결정을 할 수 있도록 돕는 공동체 존중 정신을 가질 것.

10. "본질적인 것에는 일치를, 비본질적인 것에는 자유를, 그리고 모든 일을 사랑으로"의 가치관을 가질 것.

4장

교회 지도자의 역할

1. 팀을 세우는 지도자가 되라

지도자들은 교회가 하나님의 거룩한 일에 승리하는 팀이 될 수 있도록 팀을 세우는 이들이 되어야 한다. 팀을 세우기 위해 목회자는 물론 교인들이 서로에게 주어진 장점을 극대화 (Maximizing strengths)시키고 약점을 최소화(Minimizing weaknesses)시키는 역할이 요구된다. 일반 교인들, 특별히 새신자들은 목회자나 교회의 장점을 보고 따르고 단점을 보면 실망하지만, 지도자들은 목회자나 교회의 장점을 발견하고 활용할 수 있도록 도와야 할뿐만이 아니라, 약점도 끌어안고 때로는 덮어주며 함께 개선을 위해 도와야 한다. 지도자들은 팀을 세우기 위해 어떤 것들이 팀 사역을 방해하는지 잘 판단해야 한다.

이러한 판단에 도움을 주기 위해 Hans Finzel은 "리더가 저지르기 쉬운 10가지 실수"(The Top Ten Mistakes Leaders Make)에서 다음과 같이 요약정리하고 있다.

1) 무조건 명령하지 말라 (명령 하달식 리더십).
2) 사람을 우선에 두라 (사람을 무시한 업무추진).
3) 계획 없이 일하지 말라 (목적, 비전, 청사진 부재).
4) 도전자를 위한 공간을 만들라 (도전의 불씨 제거).
5) 독불장군이 되지 말라 (독재적인 의사결정).
6) 믿고 맡겨라 (권한 위임의 철회).
7) 온 마음으로 대화하라 (대화의 단절).
8) 함께 나아가라 (협력문화의 부재).
9) 사람을 키우라 (후계자가 없는 성공).
10) 꿈꾸는 자가 되라 (모호한 미래 청사진).

승리하는 팀의 지도자는 궁극적인 승리가 무엇인지 알아야 한다. 우리는 야구 경기에서 공을 많이 때린다고 이기는 것이 아니라는 것을 안다. 시합에서 이기는 팀이 되려면 타자가 1, 2, 3루를 밟고 홈베이스로 들어오는 선수의 숫자가 많아야 한다. 이와 같이 교회도 목적이 분명해야 세상과의 영적인 싸움에서 승리하게 된다. 그리고 선수마다 자기 위치를 지키고 역할을 잘 감당할 때 팀이 승리할 수 있는 것처럼 교회에서도 각자의 자리에서 주어진 달란트를 최대한 활용할 때 그 교회는 건강하게 성장할 수 있게 된다.

2. 본질적인 것에 집중하는 지도자가 되라

요즘 가장 영향력 있는 교회 가운데 하나로 떠오르는 아틀란타의 노스포인트교회 (North Point Community) 앤디 스탠리 (Andy Stanley) 목사가 쓴 *7 Practices of Effective Ministry* 에서 강조하는 것이 바로 본질적인 목회의 승리를 위해서는 비본질적은 것들을 포기하라는 것이다. 그가 제시하는 일곱 가지를 요약하면 다음과 같다.

1) "교회에게 있어서 승리가 무엇인가?" (Clarify the Win). 이는 교회의 사역 목적을 분명히 하자는 것이다. 교회에서 반드시 하지 않아도 될 일들은 정리하고 새로 시작해야 할 것들은 과감히 시도하라는 것이다. 모든 사람을 만족시키는 목회는 불가능할 뿐 아니라 건강하지 못하기 때문이다. 그리고 아무리 사람들을 만족시킨다 하여도 예수님과 무관한 일로 열심이라면 승리하는 팀으로서의 교회가 될 수가 없다.

2) "프로그램 운영이 아니라 목적을 향한 과정이 중요하다" (Think Steps, Not Programs). 교회 프로그램들은 일회적인 것이 되면 안 되고 그 모임의 의도성이 있어야 한다는 것이다. 같은 것의 반복이 아니라 발전에 대한 의도성이 있어야 한다.

3) "초점에 집중하라" (Narrow the Focus). 한두 가지를 아주 잘하는 것이 중요하지 많은 것을 엉성하게 하면 안 된다는 것이다. 전문성과 특수성이 있어야 한다는 것이다.

4) "말을 많이 하지 말라" (Teach Less for More). 이것은 너무 많은 정보를 한꺼번에 제공하지 말라는 것이다. 오히려 적게 제공함으로써 큰 성과를 가져오는 역설적인 진리를 터득하라는 것이다. 그래서 교회 주보에도 많은 것을 담지 말라고 제시한다. 광고시간도 지루하게 많은 것을 말하지 말라고 한다. 꼭 필요한 사람들에게 집중해서 잘 준비된 내용으로 말하라고 한다.

5) "교회 밖 사람들의 필요와 현실에 민감하라" (Listen to Outsiders). 교회 내부에 있는 사람들의 관심에만 집착하지 말고 우리가 영향을 주기 원하는 외부 사람들의 말을 귀 기울여 들으라는 것이다. 이에 대해 스탠리 목사는 "목회의 관심을 내부에 있는 사람들 붙잡아 두려는 것에 두지 말고 교회 안으로 끌어들여야 할 외부의 사람들에게 집중하라" (Focus your efforts on those you're trying to reach, rather than on those you're trying to keep.) 라고 말한다.

6) "제자를 양육하라" (Replace Yourself). 미래를 위해 후임자를 준비하라는 것이다. 이것은 사역자들 자신이 하는 일을 교회가 성장함에 따라 다른 사람들도 할 수 있도록 자리를 내주고 기회를 주어 제자를 만들어야 한다는 것이다.

7) "개선을 위해 노력하라" (Work On It). 하고 있는 일을 한 발짝 뒤로 물러나서 점검하고 평가하라는 것이다.

지도자들은 교회의 궁극적인 '승리'가 무엇인가를 생각하고 '승리'에 이르기 위해서는 어떤 과정이 필요한가를 연구해야

장로 훈련 교재

한다. "무엇이 필요한가?"(What is the need?)를 묻지 말고, "우리 교인들이 어디로 가야하는가?"(Where do we want people to be?)를 생각해야 한다. 믿지 않는 사람들을 전도해서 믿게 하고 그들을 양육해서 다시금 어떻게 사역에 참여시킬 것인가를 생각하라는 것이다. 목적에 이르는 과정과 무관한 프로그램들은 오히려 방해가 된다는 것을 알아야 한다. 그리고 교회 어느 곳에서 복음으로 삶이 변하는 역사가 일어나는가를 파악하고 이를 위해 어떤 과정이 요구되는가를 지속적으로 연구해야 한다. 무엇보다 '승리'를 위해 필요한 몇 가지에 집중하고 불필요한 것들은 없애야 한다. 이를 위해 교회가 정말 장기적으로 최고가 될 가능성이 있는 것들에 집중하기 위해 적당히 잘하는 것들을 포기해야 한다. 그러나 오늘날 대부분의 교회들은 바쁘게 프로그램을 움직이는 것에 많은 시간을 소비하고 있다. 지금 당장은 잘하는 것으로 보일지 모르지만 장기적으로 교회가 최고최상의 가능성을 발휘하기 위해서는 '가지치기'가 필요한 것이다.

3. 긍정적인 사고방식의 지도자가 되라

앤디 스탠리 목사가 교회 사역팀을 운동팀으로 비교했다면, 캔사스 레저렉션교회 (The UMC of the Resurrection) 아담 해밀턴 목사는 그의 책 *북극에서 수영복 팔기: 성장하는 교회의 7가지 비결 (Selling Swimsuits in the Arctic: Seven Simple Keys to Growing Churches)* 에서 교회 지도자를 물건을 파는 세일즈맨으로 비유하고 있다. 해밀턴 목사는 21세기 초반 감리교 부흥역사의 선두주자 가운데 한 사람으로 그가 제시하는 지도자가 갖추어야 할 덕목 일곱 가지는 다음과 같다.

1) 파는 물건에 대한 확신이 있어야 한다.

2) 사람들이 우리가 파는 물건이 꼭 필요하다는 확신이 있어야 한다.

3) 그들이 무엇을 필요로 하는지 잘 알아야 한다.

4) 최상의 상품을 제공해야 한다.

5) 파는 상품을 세일즈맨들이 자기들도 생활에서 확신을 가지고 써야 한다.

6) 상품 판매를 위한 마케팅을 효율적으로 해야 한다.

7) 어떤 어려운 난관에 부딪쳐도 포기하지 않는 인내가 있어야 한다.

물론 교회가 팔아야 할 물건은 예수 사랑과 생명의 복음이다. 교회 지도자들이 이런 철저한 세일즈 정신이 있어야 복음을 담대하게 증거 할 수 있게 된다.

4. 남을 조정하기보다는 섬기는 지도자가 되라

오래 된 교회일수록 교회 안에서 기득권을 갖기 위해서 지도자들이 당파를 짓고 새신자들에게 무관심하게 될 경우가 많다. 이런 교회는 성장할 리가 없다. 그러나 지도자들이 낮은 자리에서 교회를 섬기는데 모범을 보이면 그 교회에 처음 들어오는 이들도 자연스럽게 섬김의 생활에 익숙해질 것이고, 그로 인해 교회가 자연 성장하는 기틀을 갖추게 된다.

5. 정책 결정자가 아니라 예수님의 제자가 되라

교회에서 비효율적인 회의가 너무 많으면 문제가 된다. 특히 회의에서 의견충돌이라도 생기면 교회를 세우느라 수고한 정성과 헌신이 하루아침에 무너지는 결과를 가져온다. 그래서 지도자들은 자기의 임무가 정책을 결정하는 사람이라기보다는 교회의 존재목적인 "예수 그리스도의 제자 만들기"에 기반을 두어야 한다. 그러기 위해서는 무엇보다 제자 되는 훈련과정이 없이 지도자를 세우는 잘못이 없어야 한다. 교회의 정책은 예수의 제자 되기로 헌신된 성도들이 참여하는 과정이 되어야 한다.

6. 획일이 아닌 일치를 추구하는 지도자가 되라

획일은 한 가지 방법만을 고집하는 것이다. 그러나 오늘날 다양한 생각과 인종이 어우러져 있는 현대교회에서는 다양성이 존중되어야 한다. 이것은 미연합감리교회가 가지고 있는 중요한 장점 중의 하나이다. 요한 웨슬리도 예수 그리스도를 사랑하는 가슴을 다른 무엇보다 중요하게 여겼다. 웨슬리는 각 사람의 신앙과 인격을 존중하였던 것이다. 따라서 지도자는 일하는 스타일이 다르고 생각에 차이가 있더라도 획일이 아니라 일치를 이루도록 노력하는 것이 필요하며 그럴 때 공동체가 건강하게 세워지는 것이다.

7. 운영이 아닌 신앙의 성장을 추구하는 지도자가 되라

오늘날 이민교회에 가장 필요한 것은 신앙의 성장이다. 물론 합리적인 교회운영 또한 교회 지도자들에게 필요한 것이지만, 그 무엇보다 우선시되어야 할 것은 성도들의 신앙성장에 관심을 가져야 한다. 특별히 교회운영이 어려울수록 신앙성장의 중요성은 더욱 명확해진다. 교회 지도자들은 헌금이나 출석이 줄게 되면 교회운영에 긴장을 하게 되고 때때로 갈등을 야기하기도 하는데 이럴 때일수록 지도자들은 교회의 존재목적(meaning)을 재확인하고 목회(ministry)와 선교(mission)에 더욱 힘써야 한다. 이것이 제대로 될 때 비로소 교회운영이 순조롭고 교회가 건강하게 성장하게 되는 것이다.

8. 교회법이나 운영의 전문가가 되기보다는
   성령의 은사를 발휘하는 지도자들이 되라

교회를 운영하다 보면 교회법이나 운영에 전문가들이 절대적으로 필요한 때가 있다. 그러나 이민교회는 한국식 운영과 미국식 운영의 혼동이 많고, 교단법에 대해 대다수의 교인들이 익숙하지 않기 때문에 법과 운영방식을 앞세우기 시작할 때 항상 문제가 발생하게 된다. 특별히 미연합감리교회에 소속된 한인교회들에게 있어서 이러한 문제가 많이 발생한다. 너무나 방대한 교단의 조직과 운영구조 때문에 영어에 능하고 교단 일에 많이 관계한 일부 사람들이 아니고서는 교단이나 교회의 결정구조에 참여하기가 어려운 것이 현실이다. 대부분의 한인교회들은 신앙적인 지도력보다는 행정적인 지도력이 앞서는 교인들이 개체교회의 중요한 결정권을 가지고 있다. 그렇기 때문에 교회의 지도자들은 성령의 은사를 발휘하는 지도자들이 되어야 하며 부족한 것은 서로 보완하고 존중하는 풍토를 조성하여야 한다.

장로 훈련 교재

5장
장로는 어떤 지도자가 되어야 하는가?

장로는 한인연합감리교회 전국연합회 평신도 신령상 직제 운영세칙에서 "담임목회자를 보좌하여 교회성장의 초석이 된다"라고 제시하고 있다.

한인연합감리교회에서 장로직분을 받은 사람들은 이에 대한 분명한 이해가 있어야 한다. 무엇보다 장로는 담임목사와의 관계에서는 보좌 역할을 하고, 성도들과의 관계에서는 신앙의 모범을 보여야 하는 사명이 있다. 그래서 장로에게는 담임목사가 목회를 잘 할 수 있도록 돕는 깊은 이해와 동시에, 성도들에게 존경과 신뢰를 받을 수 있는 인격과 교회를 이끌어 갈 수 있는 지도력이 요구된다.

디도서 1장은 장로로 세움 받는 자의 자격에 대해서 기록하고 있다.

장로는 "하나님의 청지기로서 책망할 것이 없고 제 고집대로 하지 아니하며 급히 분내지 아니하며 술을 즐기지 아니하며 구타하지 아니하며 더러운 이득을 탐하지 아니하며" (디도서 1:7) 라고 되어 있다.

이는 곧 장로라면 자기 자신을 조절하고 절제해야 한다는 것을 말해 준다. 또한 이는 장로라면 물질에 대한 탐욕과 재물을 바로 관리해야 한다는 것을 의미하는 것이다.

장로는 "나그네를 대접하며 선행을 좋아하고 신중하며 의로우며 거룩하며 절제하며 미쁜 말씀의 가르침을 그대로 지켜야 하리니 이는 능히 바른 교훈으로 권면하고 거슬러 말하는 자들을 책망"하여야 한다는 것 등이 있다 (디도서 1:8-9).

1. 장로의 의미

장로는 영어로 elder라고 표현하는데 그 영어 철자를 풀어보면 다음과 같은 뜻이 포함되어 있다.

Example(모범)을 보여야 한다. Leadership(지도력)을 개발하고 은사를 개발하여 효율적으로 섬겨야 한다. Devotion 또는 Dedication(헌신)해야 한다. Endurance(인내)해야 한다. Responsibility(책임감)이 있어야 한다.

2. 장로의 역할

1) 담임목사를 도와 교회 부흥의 밑거름이 되어야 한다.

무엇보다 장로는 목사의 장점을 살려주고 약점을 포용하는 능력이 있어야 한다. 장로들은 목사에게 있어서 '의지할 만한 넉넉하고 든든한 언덕'이 되어 주어야 한다.

2) 은혜를 아는 믿음을 소유해야 한다.

장로가 만일 자기 판단이 강하게 되면 교회에 은혜의 바람이 불기가 어렵다.

3) 선견자가 되어야 한다.

시대를 앞서가는 교회가 되려면 먼저 보고 바로 보는 지도자가 필요하다. 그것은 시대를 분별하는 통찰력과 고상한 인격이 뒷받침 되어야 한다.

4) 대표기도는 짧게 하고 개인기도를 길게 하라.

5) 교회성장을 일구어 내는데 사역자들이 자기의 최선을 발휘할 수 있도록 긍정적인 교회 부흥의 문화를 만들어야 한다.

3. 효율적인 회의를 돕는 장로

교회에는 참으로 모임과 회의가 많다. 그런데 긍정적인 발전에 기여하는 모임과 회의이기 보다는 많은 경우가 비효율적인 모임과 회의를 반복할 때가 많다. 모임과 회의가 잘 준비되면 그만큼 교회와 참석자들을 위해서도 좋은 결과와 발전을 가져올 수 있다.

1) 일 년 동안 모임의 일시를 정하라

가능하면 일 년 동안의 모임을 회원 모두가 알면 큰 도움이 된다. 교회 달력에 모임 일시를 넣어서 다른 모임들과 겹치지 않도록 하고 회원들이 미리 모임 참석을 준비하도록 한다.

2) 모임에 앞서 회원들에게 편지로 알려주라

모임 일시와 장소, 그리고 모임의 목적과 논의될 사항들을 알려주고 준비 사항들을 알려주면 도움이 된다.

3) 회의 순서를 정하고 필요한 시간을 배정하라

안건을 준비할 때 모임의 목적이 무엇인지 어떤 결과를 기대하는지 생각해야 한다. 이런 목적달성을 위해 어떤 준비가 필요한지도 확인이 필요하다. 모이는 코임의 책임과 권한 한도 내에서 결정해야 한다. 다른 모임에서 결정해야 할 내용들을 토의하는 것은 바람직하지 못하다. 예를 들어, 목회협력위원회에서 논의되어야 할 사안을 이사회나 남선교회에서 논의하려고 하면 문제가 된다. 문제가 제시되었으면 관계되는 모임에 의뢰를 하도록 한다.

4) 안건을 보고할 책임자를 회의안건에 명시하라.

특별히 사전에 모임안내를 보낼 때 이것을 알려주면 준비된 모임이 될 수 있다.

5) 제 시간에 시작하라.

늦게 오는 사람을 중심으로 하면 시간을 지키는 사람들에게 부정적인 생각을 주게 된다. 특별히 회원들 간에 차별을 두는 것 같은 분위기를 조심해야 한다.

6) 정해진 시간에 끝내라.

부득이한 경우 회의시간을 연장해야 하는 경우에는 회원들의 동의를 구해야 한다.

7) 모임의 환경을 밝고 긍정적이고 재미있고 좋은 결과를 가져올 수 있도록 조성하라.

무엇보다 사전에 준비가 잘된 모임이 될 때 좋은 결과를 가져올 것이다.

4. 회의시 지켜야 할 원칙들

1) 자기 자신의 말은 물론 타인의 말을 경청한다.

2) 회의에서 진행되는 내용을 개인감정으로 성급하게 판단하지 말고 인포메이션으로 받아들인다.

3) 자기 자신에 대해서는 물론 타인에 대해서도 선입감을 가지고 판단하지 않도록 한다.

4) 이해하지 못했으면 확인하는 질문을 하라.

5) 서로의 차이점을 존중하고 경험이 다르다는 것도 인정하라.

6) 자기 자신에 대해서도 항상 새롭게 발견하고 타인에게 예의를 지키고 이해하려는 노력을 하라.

7) 회의가 진행되는 동안 과정을 존중하라.

8) 공개되지 말아야 할 내용에 대한 기밀성을 지키라.

5. 건강한 공동체를 만드는 장로

교회는 공동체(community)이다. 공동체에는 건강하고 진실 된 공동체(genuine community)가 있고, 건강하지 못한 피상적인 공동체(pseudo community)가 있다. 건강한 공동체를 만들기 위해서는 피상적인 공동체 문화를 버려야만 한다.

바울은 하나님께서 교회에 각양의 은혜를 주시는 목적이 "이는 성도를 온전하게 하며 봉사의 일을 하게 하며 그리스도의 몸을 세우려 하심이라"(4:12)고 하였다. 여기에서 '온전하게 하며'라는 말은 '고치다' 또는 '꿰매다'는 뜻이다. 그리스도의 몸 된 교회는 최고최선의 진실 된 공동체이다. 우리가 받은 은혜와 은사는 이를 위해 하나님이 주신 것이다. 건강한 교회는 교회를 움직이는 목적과 원칙이 중심이 되어 움직인다. 건강한 공동체를 만드는 10가지 원칙은 다음과 같다.

1) 말을 할 때 "I" 언어를 써야 한다.

"내 생각에는?"이라고 말하는 훈련을 해야 한다. "사람들이 그러는데?" 또는 "누가 그러는데?" 이런 식으로 말을 하면 모두 남의 이야기를 하는 것이 되기 때문에 문제를 복잡하게 만든다. 나를 드러내서 말할 때 비로소 말의 출처를 확실히 알 수 있고, 교회에서 쓸데없는 헛소문들이 사실화되어 교회를 어지럽히는 일들이 없을 것이다.

2) 공동체 생활에서는 구체적인 말을 해야 한다.

두루뭉술한 구름 잡는 이야기를 하거나 막연히 추상적인 이야기를 하면 혼동된다. 구체적인 말을 해야 고쳐야 할 것이 있으면 고칠 수가 있다.

3) 아무 때 아무 곳에서 아무 말이나 하면 안 된다.

특별히 사람에 대한 이야기는 더더욱 그렇다. 누가 장로가 되어야 한다거나, 누구는 장로가 되어서는 안 된다거나 하는 이런 이야기는 친교시간에 하는 것이 아니라 공천위원회나 교회에 따라서는 인선위원회에서 논의되어야 하는 내용이다. 특별히 교회 직원들의 인사에 관한 것도 목회협력위원회 관계자들이 아닌 사람들이 거론하기 시작하면 교회 공동체의 질서가 깨어진다.

4) 대화를 할 때 상대방의 이야기를 귀담아 들어야 한다.

듣기도 전에 말할 준비를 하면 대화가 아니라 말싸움이 된다. 특별히 회의를 할 때 대화의 목적을 분명하게 하는 것이 교회를 강건하게 만드는 것임을 잊지 말아야 한다.

5) 자기 자신의 선입견, 문화배경, 성향 또는 통제하려는 욕구가 공동체 발전에 장애가 되지 않도록 조심해야 한다.

그래서 교회는 '열린 교회'가 되어야 한다. 이는 그리스도의 사랑 안에서 열려있다는 것이다. 교회는 하나님의 은혜가 모두에게 열려있어야 한다.

6) 우리는 모두 하나님 앞에서 모두 벌거벗은 존재이며 하나님 은혜로 사는 존재임을 인정해야 한다.

자기자랑에 휩싸여서 다른 사람들의 아픔을 소홀히 한다거나, 자기를 드러나게 하려고 전체 분위기를 흩뜨리는 일들이 없어야 한다.

7) 튀려고 하지 말아야 한다.

특별히 사람들 앞에 서는 사람들은 자기 위치와 역할을 잘 알아야 한다. 성가대는 지휘자의 지휘에 따라 자기 목소리를 내야만 하모니가 되듯이 교회의 모든 일이 그렇다. 자기를 드러나게 하려고 묘기색출하려는 사람들이 생기면 교회 전체가 곤란해진다.

8) 때로 과한 것보다 적은 것이 좋고, 나타내는 것보다 감추는 것이 좋을 때가 있다.

침묵의 가치와 나타나지 않음의 아름다움을 분별력 있게 판단해야 한다.

예를 들어, 찬양 인도자는 회중들로 하여금 찬양을 잘 부르도록 돕는 역할을 잘하는 것이 중요하지 멘트나 기도를 많이 해서 찬양 인도자가 설교를 대신하거나 대표 기도자를 무색하게 만드는 일은 삼가야 한다.

9) 건강한 공동체는 '다양함 속에서의 일치'(unity in diversity)가 있는 곳이다.

'획일'(uniformity)이 아니라 '일치'(unity)이다. 서로 다르다는 것이 존중되고, 서로의 성장을 위한 하나님의 선물임을 인정해야 한다. 이기적인 개인주의가 아니라 개인의 인격과 독특성이 존중되어야 한다. 모두 똑같은 방법으로 해야 한다고 고집하지 않아야 한다.

10) 무엇보다 예수님에 대한 사랑 때문에 드려지는 교회를 위한 희생과 헌신이다.

같이 일하고 아파하고 기뻐하고 사랑하고 나누고 섬기는 것이다.

제VI부

연합감리교회

곽철환 목사

장로 훈련 교재

한인연합감리교회 직제교육

들어가는 말

직분을 맡는 이에게 가장 중요한 자세는 그리스도를 중심으로 한 신앙생활과 사역, 그리고 섬김과 경건이다. 이 자세는 각자가 속한 교회를 살아 계신 그리스도의 몸으로 믿고, 자신이 맡은 자리에서 최선을 다하는 사역자의 전인적인 헌신을 뜻한다. 하나님께서 주신 달란트의 내용과 크기는 달라도, 함께 협력하고, 열심과 겸손으로 힘을 모아 교회를 통해 주신 소명을 일구어내는 것이 직분을 맡은 이의 사명이다.

그리스도의 몸 된 교회를 위한 장로직분자로서 연합감리교회의 기본 신앙자세와 신학, 역사와 구조, 그리고 장정의 기본정신을 숙지하고 이해하고 있어야 교회를 섬기는 데 도움이 된다. 그리스도의 교회를 섬기는 일에 수많은 교단과 교회들이 참여하고 있지만, 우리가 속한 연합감리교회의 특별한 소명을 깊이 이해하고 각 교회의 사역현장에서 연합감리교회로서의 사명을 감당해야 한다.

이 부분에서는 연합감리교회의 간략한 역사와 행정구조, 한인연합감리교회의 역사 개요, 장정에 대한 기본적인 이해, 개체교회 행정과 사역의 구조 이해, 한인교회의 특수성에 대한 고찰, 신령직과 장정에 대한 관계 이해 등을 다루려고 한다.

장로직분을 겸손한 마음으로 받으며 이 교재를 공부하는 모든 이에게 하나님의 은총과 직분을 감당할 수 있는 능력과 섬김의 자세가 함께 하기를 기도한다.

장로 훈련 교재

1장
역사

1. 연합감리교회의 시작

연합감리교회는 독일 계통의 연합형제교회 (The United Brethren Church), 복음주의루터교회 (The Evangelical Lutheran Church), 그리고 감리교회가 서로 연합하기 위하여 오랫동안 대화한 끝에 1968년 달라스 텍사스에서 태동하게 되었다.

연합형제교회는 독일 태생이었던 필립 윌리엄 오토바인 (Philip William Otterbein)을 중심으로 뉴욕에 이민 왔던 약 90,000명의 독일 이민자들 사이에서 잉태되었다. 오토바인은 1752년 독일에서 이민 와서 펜실바니아주 랑카스터에서 목회를 하다가 후에 볼티모어에 있는 교회에서 40년간 목회하였다. 냉랭하고 형식적인 신앙의 모습을 비판하고, 정직하고 경건한 기독교인의 삶을 갈망했던 오토바인은 미국 전체의 영적인 각성과 변화를 추구하는 운동에 일역을 담당했다. 이런 과정에서 오토바인은 감리교도들의 지도자들과, 특별히 프란시스 에스베리(Francis Asbury)와는 각별한 관계를 유지하며 서로 협조해 왔다.

연합감리교회의 또 다른 한 줄기로는 복음주의루터교회이다. 야곱 올브라이트(Jacob Albright)를 중심으로 성장한 이 교회는 일찍부터 감리교도와 연합형제교단과 가깝게 교류를 하고 있었으며, 같은 신앙적 해석을 바탕으로 자매교단으로 자리매김하고 있었다. 성공적인 이민자의 삶을 살았던 올브라이트는 1790년경 유행병으로 갑작스레 수명의 자식을 잃은 후, 삶의 회의와 진정한 의미를 찾으며 성직자의 길을 택했다.

이러한 슬픔과 내적 고통으로 어려움을 당하고 있던 그는 1791년 어느 날 기도 모임에서 성령의 확신을 체험하면서 위로를 받게 되었고, 삶의 새 힘을 얻게 되었다. 올브라이트는 그 후 감리교와 연합형제교회, 그리고 독일개혁교회의 평신도 설교자들과 깊은 교제를 나누면서 복음전도를 위한 동역자의 유대관계를 형성하고 있었다. 그는 복음주의교회의 지도자로 있으면서 감리교회와 연합형제교회와 교류를 계속하고 감리교회의 속회운동이나 기도모임에 자주 참석하고, 신앙 해석을 같이하는 친교를 강화해 나갔다.

이렇게 신앙의 뿌리를 같이 나누면서도 서로 다른 길을 걸어가고 있던 교회들이 1968년에 감리교회와 연합형제교회가 합하는 형식으로 연합감리교회가 탄생하게 되었던 것이다. 그리고 이 연합에 있어서는 선교의 비전과 교회의 계속적인 개혁을 새로 태어나는 연합감리교회의 중요한 과제로 삼고 있다.

현재 미국에는 8백만 명이 넘는 연합감리교회 교인들이 있는데 이들 중에 반 이상이 도시를 중심으로 신앙생활을 하고 있다. 연합감리교회는 다양한 인종과 언어, 다양한 문화를 가지고 함께 사역하고 있는 교단이다. 주류 교단 중에서 흑인, 히스패닉, 아시아인, 그리고 미국원주민 교인들이 제일 많은 개신교단 중에 하나이다. 그리고 신앙적으로 해석의 차이가 많이 있음에도 불구하고 연합하여 섬기는 성숙함을 보여주는 교단으로 사역하고 있다.

지금 숫자적인 감소를 겪고 있기는 하지만, 연합감리교회는 미국의 역사와 문화 속에, 그리고 국민의 정신 속에 많은 영향을 준 교단이라고 말할 수 있다.

2. 기독교대한감리회

미국감리교회가 선교사를 파송함으로써 시작된 한국감리교회는 1884년 6월에 맥클레어 목사의 입국과 1885년 아펜젤러 선교사 부부와 스크랜턴 선교사 가정, 그리고 스크랜턴의 어머니가 제물포에 입항하면서 시작되었다. 한국이 여러 가지로 어렵고 암울했던 시기에 복음을 들고 입국한 감리교 선교사들의 헌신적인 봉사와 사역으로 개화시대의 감리교가 시작되었다.

선교사들은 정동에 선교기지를 구축하고 병원과 학교, 사회복지와 구제시설에 총력을 기울였으며, 자신들의 삶을 그리스도 이름으로 희생하는 헌신적인 자세로 사역에 임했다. 복음의 틀 안에서 국민계몽과 평등사상, 여성지위와 국민의 자주의식을 일깨우고 어두운 역사의 현실에서 절망하지 않도록 소망을 심은 선교사역이었다.

1887년 10월에 정동교회가 한국의 최초 감리교회로 설립되었으며, 1901년에는 김창식과 김기범이 목사로 안수를 받게 되었다. 수많은 역사의 굴곡을 경험하면서 지금도 개혁의 목소리가 끊이지 않지만, 그래도 기독교대한감리회는 한국 굴지의 교단으로 그 맡은 사명을 나름대로 감당하고 있다. 이런 성장과 활발한 복음사역은 수많은 미국감리교회 선교사들의 노고와 기도, 그리고 땀과 희생으로 가능했던 것이다.

현재 기독교대한감리회는 나름대로 어려움을 경험하고 있기는 하지만, 성장과 성숙을 위한 개혁의 의지는 아직도 불타고 있으며, 생명을 내걸고 한국선교에 전념했던 선교사들의 희생정신과 기도의 후예들로 전도에 불타고 있다. 하나님께서 한국감리교회에 맡기신 사명은 삶 전체로 응답하는 감리교도들의 헌신으로 감당될 것이다.

3. 한인연합감리교회

한인연합감리교회의 역사는 하와이로 이민 온 한인감리교인들의 이민사와 직접 연결되어 있다. 하와이 사탕수수 농장의 인력확보에 곤란을 겪고 있던 회사들이 이민자들을 통하여 노동력을 충당하기 위해 한국의 이민자들이 호놀룰루 항에 입항하면서부터 미주 한인감리교회의 역사는 시작되었다 (이덕희, *미주한인감리교회 100년사*, 29-49쪽).

1903년 1월 13일 하와이에 도착한 102명의 한인들 중 많은 수가 인천 내리감리교회 교인들이었다. 그리고 감리교도들의 하와이 이민은 곧 한인전도회의 창립으로 이어졌다. 사탕수수 농장에 한인교회가 세워졌고, 호놀룰루 시에도 한인교회가 세워지게 되었다. 하와이로부터 시작된 한인 이민자들의 교회설립에 관한 의지는 한 세기 동안 신앙의 길잡이 역할을 하며 한인연합감리교회 역사에 자리하고 있다.

1965년 이민법 개정으로 인하여 이민의 문이 열리면서, 수많은 한인들이 1970년대부터 이민의 물결을 타고 샌프란시스코, 로스앤젤레스, 뉴욕, 시카고 등 대도시로 이민 오게 되었다. 또한 한인 인구가 본격적으로 증가하면서 교단을 막론해서 교회들도 성장하게 되었다. 그 성장은 한인연합감리교회도 미국의 각 주요 도시는 물론 미국 전역에 정착하며 이민목회의 틀을 잡아가기 시작했다. 한인연합감리교회는 연합감리교회에 숫자적으로나 지도력을 배출하면서 위상과 기여도의 무게를 날로 더해가고 있다.

한인연합감리교회는 한인교회들 간의 사역협조와 협회활동, 그리고 교단과의 긴밀한 협의를 강화해 가며, 이제는 연합감리교회 내에서 중요한 한 지체로서 사역을 감당하고 있다. 한인연합감리교회의 소명은 그들이 가지고 있는 신앙의 열정과 헌신, 근면함과 희생으로 연합감리교회에 새로운 그리스도의 계절을 시작하는 데 있다.

2장
연합감리교회 구조와 사역내용

연합감리교회 구조와 사역내용을 이해하기 위해서는 두 가지 큰 틀을 이해할 필요가 있다. 그 기본 틀 중에 하나는 감리교회의 시작부터 지금까지 교회의 행정과 사역에 양축을 이루는 파송과 교회의 치리이다. 감독과 감리사들을 중심으로 교회를 하나로 묶는 치리는 교회의 현실적인 문제들을 다루는 것과 영적인 신앙의 과제들을 명시하고 도모하는 것으로 나누어 볼 수 있다.

또 다른 기본 틀은 감리교회로서의 모임들(Conference)이다. 총회, 지역총회, 연회, 지방회, 그리고 개체교회의 사안을 다루는 구역회 혹은 교인총회는 감리교회의 틀 중에 하나이다. 이러한 회의에서는 목사와 평신도 대표들이 모여서 교회의 현안을 다루고 결정사항들을 민주적인 절차로 이루어내고 실행하는 일들을 하고 있다 (Thomas Frank, *Polity, Practice, and the Mission of The United Methodist Church*, 105ff).

1. 구역회 (Charge Conference)

구역회는 연합감리교회의 가장 기본 조직단위이다. 구역회는 개체교회의 모든 행정과 사역의 최종적인 결정권을 가지고 있는 기구이다. 구역회는 매년 감리사가 주재하여 모이며 (장정 246항), 교회의 특별한 사정이 있으면 특별 구역회를 소집할 수도 있다 (장정 246.7).

•보고와 평가

구역회에서는 1년간의 사역과 행정의 내용을 보고 받고, 그 내용을 평가하며, 임원회의 추천에 따라 다음해의 사역

목표를 정하고, 그 목표가 이루어질 수 있도록 협력기구를 강화하는 일을 한다. 보고는 구두나 서면으로 할 수 있고, 그 보고를 채택하고, 격려하고, 보완할 점을 지적하여 더욱 나은 사역을 위해 함께 기도하고 숙의한다.

그리고 구역회는 공천위원회가 추천한 내용을 인준하거나 혹은 수정하여 인준한다. 임원회의 구성, 각 행정위원회와 사역, 프로그램 진행을 위한 팀 구성을 위한 공천위원회의 추천내용을 인준하는 것을 말한다. 공천위원회의 추천 중에 중요한 위원회와 사역, 프로그램 부서의 사역내용을 아래와 같이 정리해 볼 수 있다.

※ 공천위원회

공천위원은 구역회에서 추천할 수 있고, 공천위원회에서 추천하여 선출할 수도 있다. 9명의 회원으로 구성되어 있으며, 매년 3명씩 배정하여 누구나 3년 이상 공천위원을 섬길 수 없도록 규정하고 있다 (장정 259.1.d). 담임목사의 인도로 이 위원회는 사역을 위하여 평신도 지도자를 발굴하고 양육하며 훈련시킨다.

공천위원의 결원이 생길 때에는 감리사에게 임시구역회를 신청하여 수시로 보완할 수 있다. 그러나 일반적으로 감리사는 결원된 위원을 보충하기 위해 개체교회에 가지 않고, 담임목사가 임시구역회의 필요성을 통보하고, 허락을 받은 후에 10일 전 서면으로, 대개는 주보로, 교인들에게 통보하여 임원회를 임시구역회로 주재할 수 있다.

※ 임원회

장정에 따라 임명동의를 공천위원회로부터 받아 구역회에서 인준한다 (252.5). 한 가지 유의할 점은 임원회에는 반드시 포함되어야 하는 직책들이 있다는 점이다. 그러나 교

회의 형편에 따라 그 포함하는 범위나 구성원의 수를 융통
성 있게 정할 수 있다. 특별히 한인연합감리교회는 신령직
분을 받은 사람들의 대다수가 임원회에서 일하고 있지만 장
정은 신령직 자체에 대한 언급이 없으며, 신령직을 받은 직
분자가 반드시 임원회에 포함되어야 하는 것은 아니다.

※목회협조위원회

목회협조위원회는 교회의 모든 유급직원이나 자원봉사직
원들의 인사를 관할하고, 평가하며, 효율적으로 사역을 할
수 있도록 돕는 위원회이다. 특별히 담임목사와 협력하여
교인들과의 관계와 사역이 효과적으로도 활발하게 진행될
수 있도록 사역하는 위원회이다.

연회마다 조금씩 차이는 있지만, 목회협조위원회는 담임
목사 및 감독파송목사에 대한 평가서를 다루는 경우가 있
다. 한국교회의 정서로 위원회에서 담임목사의 사역을 평가
하는 일에 익숙하지 않은 점도 있다. 그러나 목회자들의 보
다 나은 사역을 위해서 고칠 점과 보완할 점, 그리고 더욱
강화할 사역항목들을 논의하고 감리사와 함께 기도하는 자
세로 숙의하는 것은 긍정적으로 평가되어야 한다.

연회에 따라 목회자의 사례의 내용이 다를 수 있으나, 대
개 다음과 같은 항목들을 포함하여 사례를 정한다.

- 기본봉급 (Basic Salary)
- 주택비 (Housing Allowance)
- 보험비 (Health Insurance)
- 은급비 (Pension)
- 연장 교육비 (Continuing Education)
- 목회비 (Business Expense)
- 자동차, 교통보조비 (Car Allowance)
- 특별수당 (연회에 따라 고립된 지역에서 사역하는 목회자

들을 위하여 특별수당을 할애하는 연회도 있다. 특별히 자녀들의 양육조건이 열악할 수 있는 곳에 특별수당을 할애하기도 한다.)

목회협조위원회는 정기적으로 유급직원에 대한 사역을 평가하고 더욱 나은 사역을 모색하는 모임을 가져야 한다. 분기별로나 혹은 1년에 최소한 두 번은 모여서 직원의 사역을 평가하고, 격려하며, 고칠 점에 대해서 진지하게 기도하고 숙의하여야 한다. 특별히 교회가 유급직원을 해고해야 하는 사례가 발생할 경우에는 교회에서 일방적으로 통보하는 형식보다는 정기적으로 모임을 가지면서 해고 전까지 고칠 점을 고치려고 노력했던 기록이 있어야 한다. 교회가 해고된 직원의 고소사건을 다룰 때에는 이와 같은 기록들이 교회를 보호할 수 있는 중요한 자료가 된다.

교회의 보험이나 연회의 방침들은 교회에서 일하는 모든 사람들, 즉 유급직원이나 자원해서 일하는 사람들에게 신원조회(Background Check)를 요구하고 있다. 이 일도 목회협조위원회에서 담임목사와 상의하여 연회의 하달사항을 참고로 반드시 갖추어야할 사항이다.

※ 목회협조위원회와 파송문제

목회협조위원회는 담임목사나 부목사 파송과 직결되어 있는 위원회이다. 담임목사나 부목사의 파송을 두고 한인연합감리교회에서 적지 않게 혼돈과 오해가 있는 것이 사실이다. 연합감리교회에서는 감독이 감리사회와 협의하여 파송을 정(fix)하게 되어 있다. 감독의 중요한 권한이요 책임 중에 하나는 목사의 소명과 재능을 교회나 파송지의 사역상황을 감안하여 최대한 효과적인 파송을 하는 것이다.

목사를 외부의 결정으로 파송 받는 일에 익숙해 있지 않은 교인들 중에는 감독의 파송이 생소하고 자신의 교회를 섬길 목사를 자신이 선출하지 못한다는 점에 안타까움을 표하는 경우가 종종 있다.

대개 파송의 가능성을 시작하는 데는 세 가지 요소가 있다. 하나는 교회와 목사의 의견과 상관없이 연회 전체의 사역상황을 가늠하여 감독과 감리사가 목사를 다른 곳으로 파송하는 경우이다. 두 번째는 목사 자신이 옮기고 싶어 할 때이다. 세 번째는 해당 목사의 사역을 두고 교회가 여러 가지 사정으로 다른 목회자를 원할 때이다.

※재정위원회

재정위원회는 교회의 모든 재정사항을 점검하고, 예산집행에 차질이 없도록 확인하고, 교인들의 청지기 신앙을 독려하고, 바른 재정관을 세울 수 있도록 노력하는 위원회이다.

재정위원회는 다가오는 해의 예산을 구역회에 제출하여 인준을 받아 예산을 실행할 수 있도록 준비한다. 3년만 봉사하라는 제한은 없으나, 평신도 지도력의 고른 발굴과 양육을 위하여 대개 3년을 임기로 제한하는 것이 바람직하다. 재정위원회는 헌금이 교우들의 신앙과 직결되어 있음을 중요하게 생각하고, 교우들의 바른 재정관을 위해 여러 가지로 노력해야 한다.

재정위원회는 하나님께서 우리에게 맡겨주신 재정을 관리하는 자세로 교회의 사역이라면 재정을 아끼지 않고 후원하는 자세로 임해야 한다.

※재단이사회

교회의 모든 동산과 부동산을 관리하며 교회재산을 법적으로 책임지는 기구이다. 구역회가 재단이사회에서 봉사할 공천위원회의 추천을 따로 인준하는 이유는 재단이사회가 사실상 재산을 법적으로 책임지는 기구이기 때문이다. 재단이사회는 교회의 시설과 교회 시설을 사용하는 모든 단체들을 관할하고, 교회의 기본 정신에 어긋나지 않도록 시설물들이 사용되고 있는지 점검하고 확인하는 위원이다. 시설들이 제대로 사용되고 있지 않으면, 그 해결방안을 모색하여 임원회에 보고해야 한다. 자체교회가 없이 미국교회 건물을 사용하고 있는 교회들도 적극적으로 교회 시설물 관리와 원활한 사용을 위해 타회중과 협력하여야 한다.

※사역, 프로그램 부서의 지도자 선출

이 부서들의 지도자들은 구역회의 임무를 수행하는 사람들이며, 공천위원회가 추천하여 선출한다. 여기에는 교육과 선교, 전도와 양육, 복지와 지역사회를 위한 부서 등이 있다. 유의할 것은 이미 앞에서 서술한 행정위원회, 즉 공천, 목회협조, 재정, 그리고 재단이사회의 존재목적은 이 사역 프로그램의 효율적이고 활발한 발전을 위하는 데 있다.

※목사안수후보자 추천

교인 중에서 2년 이상 연합감리교회의 교적을 가지고 있는 이가 목사의 자질이 있다고 여겨지면 목회협조위원회는 그를 목사안수후보자로 구역회에 목사후보로 추천할 수 있다. 구역회가 그 후보자를 인준하면 감리사가 이를 지방회의 안수사역부로 추천하여 안수과정을 밟게 한다.

연회마다 차이가 있기는 하지만, 구역회에서 추천을 받은 목사안수후보자는 감리사가 정하는 지도목사(Mentor)와 함께 즉시 안수과정을 시작하게 된다. 구역회 추천 이후에는 지방회안수위원회 과정을 거쳐야 하고, 지방회에서 인준(Certification) 받은 후에는 연회안수위원회에서 과정을 거쳐 연회에서 안수 받고 파송지로 사역을 나가게 된다. 이 모든 과정이 복잡하고 만나고 지나가야하는 사람과 그 과정이 적지 않아서 대개는 안수까지 가는 시간표(Time Table)를 가지고 과정 하나하나에 주의를 집중하여 임해야 한다.

장로 훈련 교재

※교인총회에 대한 이해

구역회 회원은 교회임원회이다 (장정 246.2). 그래서 구역회에 참여하는 숫자가 제한되어 있는 것이 단점이다. 교회의 예산과 결산, 제반 위원회와 사역 프로그램 부서의 선출, 재산에 관한 결정 등을 임원회에서만 다루기에는 너무 크다고 생각해서 교인총회를 갖는 것이다 (장정 248). 교인총회는 감리사 혹은 담임목사 혹은 임원회 혹은 교인의 10%가 요청하면 감리사의 허락으로 소집할 수 있다.

많은 한인연합감리교회가 구역회 전에 교인총회를 하고 구역회에 상정할 안건들을 미리 처리하는 경우들이 많은 것 같다. 감리사와 언어의 장벽 때문에 사용하고 있는 절차이다. 그러나 교인총회에서 결정된 사항들이 구역회에서도 그대로 통과되면 별 문제가 없지만, 감리사 없이 한국말로 교인총회에서 결정된 사항들이 감리사가 주재하는 구역회에서 번복이 되면 문제가 되는 경우가 있다. 이러한 문제를 피하기 위해 감리사가 주재하며, 주요사항을 동시통역하며 교인총회를 갖는 것도 방법 중에 하나이다.

2. 지방회 (District Conference)

연회의 허가로 감리사는 지방회를 소집할 수 있다. 지방회는 그 지방에 속한 목사들과 평신도대표들이 모여서 지방과 관련된 현안들을 다루고, 결정하여 실행한다. 지방회에서는 지방재단이사회 및 지방의 사역을 위한 행정과 프로그램 사역팀을 공천하여 선출하고 사역에 임하게 한다. 지방회에서는 지방공천위원회, 지방평신도대표와 감리사의 사역을 협조하는 지방목회협조위원회, 지방안수위원회, 지방선교사역회 (District Union), 그리고 사역 및 프로그램을 위한 위원들을 선출한다. 지방공천위원이 이들을 추천한다. 물론 지방의 특색이나 사역 여건에 따라 공천의 내용이 다를 수 있다.

지방회에서는 한 해 동안 있었던 중요한 지방 사역들을 보고하고, 또 지방 교회들이 협력하여 이룰 수 있는 사역의 내용과 비전을 나누는 일도 한다. 또 남선교회와 여선교회, 청소년들의 사역을 협조하고 활성화 할 수 있는 방안을 모색하는 일도 맡아하게 된다 (장정 656ff).

3. 연회 (Annual Conference)

연회의 기본 목적은 교단의 기본 선교사명인 제자양육에 있으며, 이를 위해 개체교회의 사역을 돕고 프로그램 개발과 실행을 위해 협력하며, 교회와 연회협력기구들과의 연대를 통하여 선교사명을 더욱 효과적으로 실천할 수 있도록 도와주는 데 있다 (장정 601).

연회는 목사들과 개체교회에서 선출된 연회평신도대표들이 동수로 되어 있으며, 해당 연회에서 다루어야할 수많은 현안들을 민주적인 절차에 의하여 숙의하고, 기도하며, 결정하고, 실천한다. 연회기간 중에 다루는 많은 과제와 과정 중에 우리가 이해해야 할 중요한 몇 가지 항목들을 정리하여 설명하려고 한다.

●연회에 속한 기구들이 한 해 동안 사역한 내용을 보고한다.
●연회에 올라온 많은 규정 및 해결사안(Resolution)에 대하여 심의하고 인준한다. 총회가 미국의 연방국회에 해당한다면, 연회는 지방의회에 해당한다고 할 수 있다 (Jack Tuell, *The Organization of The United Methodist Church,* 119).
●4년에 한 번씩 하는 일이지만 총회와 지역총회에 보낼 대표를 선출하는 것이 연회가 하는 중요한 역할 중에 하나이다. 이 대표들은 연회의 목소리를 총회나 지역총회 차원에서 발휘하게 된다.
●연회안수위원회를 통하여 목사를 안수하고, 기존 목사들을 관리, 교육, 훈련하며, 필요에 따라 징계하고, 퇴출시키는 일을 한다.

•목사의 지도력의 특색과 교회의 사역 형편을 고려하여 목사를 개체교회에 파송한다. 연회라 함은 목사들의 파송기간을 1년으로 하여 매년 그 파송을 갱신함으로써 파송된 목사가 그 교회에서 1년 이상 사역하는 것을 말한다.

•연회 동안 연회가 준비한 예배와 경건 시간을 갖는다. 흩어져서 사역하던 목사와 평신도대표들이 함께 모여서 서로가 하나 되어 사역하는 것을 축하하고, 서로 격려하며, 가르치고, 배우며, 사역의 자료들을 나누고, 같은 사명을 예배를 통하여 서로 나누는 것은 큰 의미 있는 연회 행사 중에 하나이다.

4. 지역총회 (Jurisdictional Conference)

지역총회는 미국의 영토를 다섯 지역으로 나누어 조직되어 있다. 다섯 지역은 서부, 중남부, 중북부, 동북부, 동남부이다. 연합감리교회 역사 속에서 이 지역총회가 흑인교회와 연회를 한 곳으로 모아 사역하도록 하는 의미로 출발했으나, 노예제도가 폐지되고 흑인 감리교인들이 분리되어 있는 것이 더 이상 옳지 않게 된 지금은 지역적 구분 외에는 다른 의미가 없게 되었다 (Tuell, 118). 지역총회는 목사대표의 수와 평신도대표의 수가 동수로 구성되어 있으며, 지역총회가 하는 일들은 다음과 같다.

지역총회는 그 지역에 맞는 사역과 프로그램을 만들어 각 소속연회의 사역을 돕는 일을 한다. 지역총회에서 하고 있는 프로그램들을 지원하기 위하여 각 연회가 재정적인 지원을 분담하기도 한다. 예를 들어, 날로 성장하는 한인연합감리교회를 위하여 대부분의 지역총회가 한인선교프로그램을 지원하는 것을 볼 수 있다. 이런 것은 지역총회가 해당 지역의 사역상황에 따라 프로그램을 창출하고 지원하는 것이라고 볼 수 있다.

지역총회가 행하는 가장 중요한 임무는 새로운 감독을 선출하는 것이다. 지역총회는 각 연회의 교인 수에 따라 대의원으로 배정된 지역총회대의원(대표)들이 감독후보로 지명

된 목사들을 해당 지역총회의 *선거절차*에 따라 *선출한다*. 이렇게 선출된 감독들은 감독회의(The Council of Bishops)의 회원이 되고, 동시에 지역총회의 감독단(The College of Bishops)의 회원이 된다.

5. 총회 (General Conference)

미국에 연방국회가 있듯이 연합감리교회에는 총회가 있다. 총회는 두 가지 중요한 기능을 한다. 첫 번째 총회의 기능은 연합감리교회를 대표하는 기능이다. 총회는 각 연회에서 선출된 600-1,000명의 총회대표(총대)들이 4년에 한 번씩 4월이나 5월에 11일 동안 미국과 세계 20여 개 국가의 총대들이 모이는 교단의 최고 대표기관이다.

두 번째 총회 기능은 입법의 기능이다. 미국과 전 세계에 퍼져있는 연합감리교회의 장정(교회법)을 입법화하고, 매 4년마다 수정판을 낸다. 한글판으로도 매 4년마다 출판되고 있으며, 한인연합감리교회의 사역질서와 효과적인 사역을 위해서 사용되는 것이 바람직하다.

총회는 평신도와 목사가 같은 수로 구성되어 있으며, 교단의 미래 사역을 위한 방향을 정하고 교회를 하나로 묶는 역할을 한다. 감독들은 회의를 주재하지만, 회의 결정과정에 투표나 의견발표를 할 수 없다. 거의 대부분의 총대들은 열하루의 회의기간 동안에 자기에게 할당된 소그룹 입법안들을 다루게 되며, 절차에 따라 그룹에서 정해진, 혹은 정하지 못한 안건들을 총회장에서 다루게 된다.

18세기 말 순회목사(Traveling Methodist Preachers)들이 모여서 매년 회의를 가진 것이 오늘의 총회의 시작이다. 대개 이 모임은 볼티모어(Baltimore)에서 열렸는데, 나중에 감리교가 점점 더 성장하면서 교회의 복잡한 교회법을 다루고 토의하고 입법하기에 이르렀고, 1792년에 가서야 모든 목사들이 볼티모어에 모여 매 4년에 한 번씩 모이기로 결정하는 것으로 지금의 총회가 태동되었던 것이다 (Thomas Frank, *Polity, Practice, and the Mission of The United Methodist Church*, 226).

장로 훈련 교재

3장
연합감리교회의 특징

요한 웨슬리는 처음부터 새로운 교단을 시작하려는 생각으로 사람을 모은 것은 아니었다. 영국국교의 사제로 최후를 맞이한 웨슬리에게는 새로운 교단보다는 어지럽고 혼탁한 세상에서 경건한 생활을 하기 위해 소그룹을 시작했다. 개인의 신앙생활과 영적인 상태에 많은 관심을 두며, 실적보다는 믿는 이들 간의 관계에 더욱 힘을 쏟으며 시작된 영적인 운동이라고 볼 수 있다. 220년 이상 수많은 역사적인 전환점들을 거친 지금의 감리교회는 요한 웨슬리가 시도했던 창립 정신의 내용을 많이 달리하고 있다.

이민의 나라이면서도 나름대로 극가적인 특수성을 가지고 있는 미국이 유럽을 중심으로 한 신앙관과 해석을 지속해 오다가 이제는 세계 모든 나라에서 들어온 이민자들의 교회관과 신앙생활의 다양함을 수용해야 하는 것이 연합감리교회가 당면하고 있는 도전이다. 다양하고 급격한 변화 속에서 지금 우리가 속하여 사역하고 있는 교회에는 몇 가지 특성이 함께 어우러져 있는 것이 사실이다.

첫 번째 연합감리교회 특징은 포괄적인 치리자(General Superintendent)가 이끄는 감독 중심제도이다. 감독회의(The Council of Bishops)는 교단의 영적인 면과 눈에 보이는 교회라는 기관을 감독하고 지도하는 단체이다. 지역총회나 해외총회(The Central Ccnference)에서 선출되어 70세까지 종신제로 봉직되는 감독은 교회의 최고 영적 지도자로서, 교회를 이끌고 관리하는 일을 한다.

두 번째 연합감리교회 특징은 감독들을 중심으로 해서 교회가 연결되고, 사역에 유기적인 상호교통이 이루어져도, 동시에 교회의 결정은 민주적인 절차를 따른다는 것이다. 앞에서 다루었던 여러 종류의 모임들(Conferencing)이 그 예라고 말할 수 있다. 구역회에서부터 총회에 이르기까지, 대표를 선출하는 과정에서부터 감독이나 목사의 안수를 위하여 투표하는 것까지, 교회의 현안을 상정하고 각종 회의에서 그들을 다루는 모든 절차는 민주적인 절차를 원칙으로 하고 있다. 교회 안에서 표현의 자유와 다수결의 원칙으로 교회의 현안을 발표, 상정하며, 투표하여 결정하는 과정을 말하는 것이다. 웨슬리가 순회목사들을 모으고 1784년에 그 목사들이 프란시스 에스베리와 토마스 콕을 그들의 감독(General Superintendent)으로 선출하기 위해 투표하면서부터 교회는 사실 민주적인 절차를 통하여 그들의 지도자를 선출하고 봉직하는 민주적인 가치가 교회에 자리 잡게 되었다 (Frank, 106ff).

지금도 구역회에서 연회대표를 선출하고, 연회에서 총회대표와 지역총회대표를 선출하여 그들의 목소리를 대신하게 하고, 감독을 선출하는 일은 교회 전체가 민주적인 절차를 바탕으로 의견을 모으고 결정하는 교회라고 볼 수 있다. 장정에 흐르는 의사결정의 과정도 민주적인 절차로 사안을 제출하고 협의하며 결정하고 실행할 것을 종용하고 있다.

세 번째 연합감리교회 특징은 다양성이다. 세상이 변화하면서 교회가 당면한 선교적인 토양이 급격하게 변화한다는 말이다. 백인이 지배적인 입장에서 흑인을 노예로 다루던 시절부터 오늘에 이르기까지 교회가 겪고 있는 큰 도전은 인종과 언어, 그리고 문화의 다양성을 여전히 한 교단의 테두리 안에서 연결시키고, 하나로 묶는다는 것이다. 미국 전역이 그렇지만, 특별히 비(非)유럽계의 이민 인구가 급격하게 증가하는 미국 대륙의 서부와 동부는 더 이상 한 인종과 한 언어를 바탕으로 한 사역이 어려워지는 시대를 맞이하고 있다.

장로 훈련 교재

교단의 지도층이나 섬기는 이들의 구성을 보아도 이제는 한 인종으로 이루어지거나 한 언어로만 지탱되어지는 사역은 어려운 것 같다. 그 예로 감독회의나 감리사들의 분포를 보아도 이제 연합감리교회는 다양성을 골치 아픈 문제로 보는 것이 아니라, 하나님께서 주신 기회로 보아야 할 때가 이미 당도했음을 알 수 있다.

사회가 복잡해지고 당연시 되어왔던 전통적인 가치들이 다양한 신학적 해석으로 재고하여야 시기에 와 있다. 이전에는 재고의 가치도 없던 당연한 문제들이 사회의 가치가 다양해지고 신학적인 자세가 여러 갈래로 나뉘면서 교회가 신학적인 문제나 사회의 문제를 두고 다양한 목소리들을 다루어야하는 시기에 와 있다.

예를 들어, 유색인종의 목사안수라든지, 여성의 목사안수 문제를 두고 교회가 재고의 가치도 없이 안수를 거부한 때로부터 1세기도 지나지 않았다. 지금은 여성의 지도력이 어느 교단보다도 더욱 활발하게 그 몫을 다하고 있고, 백인 이외의 목사들이 지도자로서의 모습을 견지하며 섬기는 일은 그리 신기한 일이 아닌 것으로 변해 있다.

사회적인 문제를 두고는 낙태문제부터 동성애문제까지 교회 안에서 서로 첨예하게 다른 입장을 견지하면서 신앙생활한 지 벌써 긴 세월이 흘렀다. 같은 교회 안에서, 같은 성경을 가지고 같은 사회적인 문제들을 다양하게 해석하고 실천하면서 사는 세상에 교단이 당면한 다양성에 대한 태도는 조심스러우면서도 하나님의 뜻을 쉬지 않고 해석하고 발표해야 하는 도전에 직면하고 있다.

연합감리교회의 역사 속에서 교단의 분리와 통합을 거듭하면서 겪어낸 많은 고통 중에는 다양한 신학적인 해석들을 두고 의견조정이 되지 않아 극한 결정을 실행하는 것으로 빚어진 것이 많다. 사람이 가지고 있는 한계 속에서 다른 것과 "틀린 것"을 구별하여 하나가 되거나 분리되는 것이 쉽지 않은 일이다. 세상에서 하나님 나라를 상징하는 사명을 지닌 교회도 사람들이 모여 있는 단체로서 다양성을 품으며 하나 된 교회로 사역하는 것이 쉽지는 않은 일이나, 동시에 그 다양성이 주는 신앙의 지평확대는 하나님의 은총이기도 하다.

네 번째 연합감리교회 특징은 목사의 파송과 개체교회의 한계를 넘는 평신도의 대표성, 선교 분담금의 모음과 사용, 교단의 각 기관의 개체교회 사역을 돕는 일 등이 함께 연결되어 유기적으로 사역하는 것이 특색이다.

한 곳에서 사역하면서 동시에 여러 곳에서 연결되어 섬길 수 있는 특징을 가진 교회이다. 이 유기적인 연대는 크고 작은 교회들이 모여서 개체교회로서는 상상할 수 없는 선교와 교육 등의 사명을 감당할 수 있게 만든다.

장로 훈련 교재

4장
한인연합감리교회의 당면한 과제들

　연합감리교회와 한인교회의 사역현장을 참고하면서, 교회의 직분자인 지도자로서 사역에 기여하고 헌신할 수 있도록 최선을 다하는 자세가 우리 모두에게 절실하게 필요하다. 교단 내에서 다양한 모습으로 도전하고 있는 것들을 통하여 하나님의 뜻을 찾고, 경건의 자세를 다시 추슬러서 긍정적인 사역의 기회로 삼는 지혜가 이민교회에 더욱 필요한 시점에 우리가 서 있다.

　물론 한인연합감리교회라 해도 사역하는 지역의 상황에 따라 사역의 초점과 내용이 조금씩 다를 수 있고, 비전과 프로그램의 우선순위가 다를 수 있다. 그러나 대개 다음 몇 가지 사항들이 한인연합감리교회의 사역에 전반적인 과제로 나타나고 있는 현상들이라고 볼 수 있다.

　첫 번째 과제는 언어와 문화의 격리에서 생기는 사회적인 고립과 갈등이라고 말할 수 있다. 언어는 의사소통만을 위해서 있는 것이 아니다. 언어는 일정한 언어를 사용하고 있는 공동체의 역사와 문화를 담고 있는 삶의 틀이다. 가치관과 신앙 해석도 마찬가지로 사용하고 있는 언어에 따라 달라진다고 말할 수 있다. 우리들이나 후손들이 섬기는 이민교회는 언어와 문화의 차이에서 오는 외부와, 또 타민족 연합감리교회와의 연결과 상호협력을 위해서 꾸준히 일을 해야 한다.

　두 번째 과제는 세대 간의 갈등과 협력문제이다. 이민 역사가 비교적 짧은 한인이민교회 1세들은 이제 사회의 지도층 자리에 오르기 시작하는 1.5세, 2세, 그리고 3세와 사역을 위한 파트너로서 관계를 정립해야 할 때이다. 대부분의 교회가 차세대 사역에 대해서 관심을 갖고 있으면서도 그 교육과 사역의 지도력을 나누는 데 있어서는 아직 어려운 모습을 보이는 것이 현실인 것 같다. 영어목회를 지도하는 젊은 목사들의 관심사의 대부분은 1세 교회와 상호협력하면서도 독립적인 목회를 겸할 수 있는 사역을 지향하고 있다. 10년 전만 해도 1세 교회의 재정적인 협조로 가능했던 영어목회가 이제는 재정적으로나 행정적으로 독립하여 사역하는 곳이 많아졌다. 1세와 차세대가 행정이나 사역의 주도권을 놓고 경쟁하는 자리에 있는 것보다는 서로 협력하고 서로 다른 자리에서 지도력을 인정하고 파트너로서 미래를 위하여 사역의 방향을 논의하고 함께 기도하는 자세가 필요한 때가 왔다.

전국적으로 연결되어 있는 영어목회 지도자들의 모임은 모든 한인연합감리교회가 관심을 가지고 협력해야 할 모임으로 자리를 잡아가고 있다. 영어목회 지도자들의 모임은 영어목회 지도자를 양육하고 필요한 교회에 준비된 영어목회자를 연결하고 있으며, 영어목회를 위한 전반적인 사역 자료를 수집하고, 정리하고, 개체교회에서 사용할 수 있도록 준비하는 일들을 하고 있다. 이제는 각자가 처해 있는 곳에서 지도자의 자리를 잡아가고 있는 차세대 한인연합감리교회의 교우들을 우리 모두의 지도자로, 또 함께 섬기는 동역자로 인정하고 사역할 때가 지금이다.

세 번째 과제는 연합감리교회의 특성인 다양성의 바른 이해이다. 연합감리교회는 신학적으로나 사회정의 면에서 한인연합감리교회와 신학적으로 다르게 생각함이 분명하다. 대체적으로 보수적인 신학과 신앙의 자세를 견지하고 있는 한인연합감리교회에 비해서 사실 연합감리교회의 신학적인 성향은 극히 진보적인 신학부터 극도로 보수적인 신학까지 교단 전반에 흩어져 있다.

일반적으로 연합감리교회는 동성애문제나 여성의 지도력

장로 훈련 교재

을 다루는 일에 있어서도 한인연합감리교회의 태도보다 훨씬 다양한 면을 보여주고 있음이 사실이다. 아직도 상당한 위치를 차지하고 있는 한인연합감리교회들의 담임목사직이나 교단의 영향력 있는 지도자의 위치에는 여성의 지도력이 많이 결여되어 있는 것도 우리에게는 풀어야하는 과제 중에 하나이다.

네 번째 과제는 장정에서 정하는 교회의 리더십과 신령직의 문제를 두고 한인연합감리교회가 꾸준히 공부해야 한다는 것이 큰 과제 중에 하나이다. 신령직 과제는 한인연합교회라면 교회 크기에 상관없이 우리만이 겪는 고민이요 사역의 과제이다.

지금도 소수의 한인연합감리교회 중에는 장정에 따라 집사, 권사, 장로의 제도를 사용하지 않는 교회들이 있다. 그러나 대부분의 교회들이 신령직제도를 사용하면서 고전하고 있는 것도 현실이다. 문제는 장정에 따라 감리사가 주재하는 구역회나 교인총회에서 매년 선출되는 교회의 지도자와 평생직으로 이해되는 장로 혹은 권사 혹은 집사제도 사이에 마찰이 있다는 사실이다.

한인연합감리교회는 장정에 따라 선출되는 평신도 지도자들과 신령직 사이에 명확한 제도적인 이해가 절실히 요구된다. 교회에서 신앙생활의 본이 되는 사람들이 집사, 권사, 장로로 천거되어 선출되는 과정과 장정에서 정하는 행정과 프로그램 사역의 자리에 선출되는 과정에 대한 구분과 제도적인 차별이 절실히 필요하다는 말이다. 다시 말하면, 3년 혹은 제한된 임기를 두고 돌아가면서 교회를 섬기는 지도력을 기본정신으로 하는 장정과 평생직으로 생각하는 신령직 때문에 생기는 에너지 유출은 어떤 모양으로든 막아야 한다는 것이다. 신령직제도가 한인연합감리교회에 거침돌이 되지 않고 오히려 교회의 성장과 발전에 디딤돌이 되도록 기도를 모으고 지혜를 모아 우리 모두가 공유할 수 있는 제도를 창출해 내야 한다.

다섯 번째 과제는 한인연합감리교회가 당면하고 있는 목회자와 평신도의 지도력이다. 지도력 개발을 두고 최근 10여년 사이에 수많은 정보들이 쏟아져 나왔다. 책으로 아니면 강의를 통한 지도력 향상을 위한 교단적 차원에서의 노력도 적지 않았다. 특별히 교단에 대한 충성도보다는 개인적인 지도력에 더 많은 무게를 두고 있는 지금의 신앙인들의 양상을 보아도, 지도력의 개발과 향상을 위한 노력은 그 어느 때보다도 더욱 절실하다.

교단의 소속감 때문에 교회를 찾는 교인들도 있지만, 결국은 교회를 섬기고 있는 목회자와 평신도들의 리더십이 교회의 성장과 발전에 중요한 위치를 차지하고 있다. 이 일을 위해 한인연합감리교회가 시대에 민감하면서도 앞서가는 리더십 향상을 위하여 꾸준히 프로그램 개발과 교단차원의 지원을 모색해야 한다.

교단의 통계에 의하면, 지금 속도로 교인 수가 감소되어 간다면 2056년쯤 연합감리교회가 이 세상에서 더 이상 존재하지 않을지도 모른다는 통계가 발표된 적이 있었다. 물론 하나님 나라를 이 땅에서 선포하는 일에 숫자가 모두는 아니다. 그러나 줄어가는 숫자와 감소해 가는 교단적 에너지에 대하여 말하지 않을 수 없다. 웨슬리는 자신이 세운 감리교단이 사라지는 것을 걱정한 것이 아니라, 그리스도를 섬기는 열정이 사라질까봐 걱정했었다. 그리스도는 교회보다 크며, 복음은 교회의 흥망성쇠보다 더욱 귀한 것이다. 그러나 연합감리교회는 숫자적인 감소를 면치 못하고 있으며, 사회적으로도 그 영향력을 점차 잃어가고 있는 것이 사실이다. 연합감리교회의 식어져가는 신앙열정에 다시 한번 그리스도를 향한 우리만의 결단과 섬김의 자세를 가지고 교회를 다시 일으킬 수 있는 역사가 있을 것이라고 믿는다. 그래서 하나님께서 한인연합감리교회에 맡겨주시는 특별한 사명은 직분을 맡아 사명을 감당하기 위해 섬기는 자세로 임하는 여러분을 통해 이러한 부흥이 이루어지리라고 믿는다.

연합감리교회 제도와 한인연합감리교 제도 사이에서 항상 현저하게 긴장 상태로 나타나는 것이 장로 제도이다. 그 이유는 연합감리교회에는 평신도를 위한 영구직이 없기 때문이다. 연합감리교회 평신도 지도자의 기본 정신은 소명과 자질과 리더십에 있다. 즉 평신도의 분명한 소명감과 필요한 사역을 연결해 주는 것으로 되어 있다. 그러나 연합감리교회의 장로직은 은퇴까지 평생 동안 섬기는 것으로 되어 있다. 아마도 장로의 직분에 제일 시급한 이슈가 있다면, 장로로서의 소명감이나 평신도의 지도력의 일관성과 신앙의 공동체를 섬기는 자세가 모델로 나타나는 지도자일 것이다.

5장

연합감리교회 장정 이해와 신령직 사역

※장정 이해

매 4년마다 총회가 끝난 후에 발간되는 연합감리교회 장정은 교회의 질서와 효율적인 사역을 다루는 교회법이다. 연합감리교회의 장정은 200여 년이 넘는 세월을 지나며, 교회가 갖추어야할 질서와 신학, 그리고 사역을 돕기 위한 과정과 교회의 정체성을 담고 있다.

믿음의 공동체로서 언약의 기능을 가진 이 교회법은 성서에 기초를 두고, 인종과 언어, 문화와 성별 등의 모든 사회적 다양성을 끌어안는 포괄적인 정신으로, 그리스도를 주로 섬기는 교회들과 상호 협조하는 정신으로 갖추어져 있다. 여기서는 한인연합감리교회들이 자주 접하고 유용하게 쓸 수 있는 부분들을 강조하려고 한다.

장정은 연합감리교회의 헌장과 교리, 교리적 선언, 총칙과 사회원칙을 포함하고 있다. 개체교회 행정과 관련된 법과, 목회자들에 관한 법, 감독과 감리사들에 대한 법, 그리고 각종 회의에 대한 법을 다루고 있다. 이어서 총회 산하 기구들의 운영방침과 사역의 내용을 소개하고, 교회의 재산관리와 부동산의 여러 가지 복잡하고 세세한 법에 대해서 다루고 있다. 마지막으로는 사법행정, 즉 교회 내의 소송과 그 행정절차에 대해서 소상히 서술하고 있다. 그러나 여기서는 지면 관계로 한인연합감리교회들이 자주 사용하는 부분에 대해서만 다루려고 한다.

1) 201-299 항목은 개체교회의 행정과 사역의 조직을 다룬다. 교회의 기본적인 정의부터 조직의 내용, 타교단과의 관계와 지역사회와의 관계를 다룬다. 특별히 216항목은 교인의 정의를 다룬다. 입교의 과정과 교적, 교인관리, 243항 이하에서는 교회의 조직과 구역회, 교인총회, 임원회와 공천

위원회, 목회협조위원회, 재단이사회의 운영 등 중요한 항목들을 다루고 있다.

특별히 교회의 개척과 보조에 대해서 관심을 많이 가지고 있는 한인연합감리교회는 260항에 있는 장정의 규정과 각 연회에서 실시하는 연회의 규정에 집중적인 관심을 두고 숙지하는 것이 바람직하다.

2) 301-399 항목은 목사 안수와 관련된 법이다. 안수를 위한 과정부터, 목회자로서의 자질과 사역내용, 행정적인 모든 절차들에 대해서 소상히 기록하고 있다. 목사들은 개체교회에 멤버십을 두지 않고, 연회에 멤버십을 두기 때문에 따라오는 목사와 연회와의 다양한 관계(353)에 대한 연구와 이해는 큰 도움이 될 때가 많다.

3) 2501-2599 항목은 교회의 재산관리를 다루는 항목이고, 한인연합감리교회가 잘 이해해야 할 부분 중에 하나이다. 교회의 소유문서부터 교회가 소속한 각 주나 도시와의 재산 소유법 관계를 잘 터득하고 있어야 하며, 연회와 개체교회 간의 부동산 소유에 대한 이해와, 교회의 통합과 분리, 그때 있어야할 재산의 분배문제, 교회를 문 닫는 일과 교회의 장소 이전 시에 발생하는 제반 문제를 다루고 있다. 이러한 중요한 일들을 두고서 기본적인 교회의 자세는 해당 지방감리사와의 긴밀한 연락을 원칙으로 하고 있다. 그러나 이 부분을 잘 이해하고 있어야 중요한 결정을 하는 데 어려움이 없을 것이라고 생각된다.

4) 2601-2799 항목은 교회에서 불미스러운 일이 생겼을 때, 교회법의 테두리 안에서 고소하는 방법, 그리고 제반 사법행정에 대한 규율들을 다루고 있다. 이 부분에서 불행히도 교회 안에서 소송할 일이 생겼을 때, 교회 내에서 취할 수 있는 과정들을 비교적 상세히 적고 있다. 그러나 교회에 불미스러운 일이 생기면 해당 지방감리사와 긴밀하게 연락할 것을 최우선적인 원칙으로 하고 있다.

※연합감리교 안에서의 신령직 이해

연합감리교회의 공천과 인준의 기본정신은 소명과 자질, 그리고 리더십의 나눔에 있다. 다시 말해서, 사람을 뽑아 가장 적절한 위치에서 가장 효과적으로 사역할 수 있도록 하기 위해서는 사역할 이의 분명한 소명감과 해당직책이 요구하는 사역의 내용에 합당하는 자질을 분별해야 한다. 그리고 가능한 대로 그 사역을 다른 사람들과 함께 나누어 한다는 것이다.

장정에는 규정상 3년 이상은 계속해서 봉사하지 못하게 하는 위원회들이 있다. 목회협조위원회나 공천위원회, 재단이사회 등은 장정의 법으로 3년 이상 사역하지 못하도록 규정하고 있다. 다른 행정직이나 사역부서라 해도, 기본적으로 정해진 시간 동안 봉사하고 그 기한이 지나면, 다른 사역자들이 일을 맡아 수고하도록 하는 것을 기본정신으로 한다.

한인연합감리교회에서는 장로, 권사, 집사로 임명된 사람들은 직분의 성격상 대개 은퇴까지 평생을 봉직하는 것으로 되어있다. 기독교대한감리회가 가지고 있는 제도 중에는 시무장로들이 "기획위원회"의 구성원이 되어, 연합감리교회의 행정사역을 거의 대부분 감당하는 것 같다. 즉 재정, 공천, 재산관리, 파송, 인사관리 등을 말한다.

여기서 생기는 문제는 시무장로가 은퇴할 때까지 10년에서 20년간 교회의 주요 행정을 관리한다는 것이다. 물론 평신도 리더십의 연속성과 지도자들의 공동체 형성 등은 장점이라고 할 수 있어도, 상기한 행정직을 은퇴할 때까지 계속한다는 것이 연합감리교회의 행정사역을 이해하는 문화와 괴리감이 있는 것이다.

한인연합감리교회가 겪고 있는 어려움 중에 하나는 이 신령직을 선출하는 데 필요한 명확한 세칙과 사역내용을 위한 명확한 기준이 없다는 것이다. 시무장로가 임원회에 당연직으로 들어와 10년에서 20년을 연속 사역하는가 하면, 시무 장로를 행정이나 주요 사역부에 공천하지 못하여 오는 부작용도 적지 않다. 이 문제를 두고 지금은 각 교회들이 자신들의 사역형편에 따라 신령직을 운영하고 있는 것 같다.

연합감리교회 장정은 침묵하고, "평신도 지침서"는 안내문으로 법적 효력이 없고, 기독교대한감리회의 장정은 한인연합감리교회의 장정으로 효력을 발생할 수 없는 어려움을 말하는 것이다. 개체교회들이 매년 신령직 문제로 힘들어 하면서, 공평하고 민주적이고, 교회의 정서 안에서 효율적으로 사역에 참여할 수 있는 공천, 선거, 인준과정을 연구하고 있다.

현실적으로 신령직의 실행을 중단할 수는 없어도, 신앙의 본과 영적인 성숙도를 보고 교인에게 물어 뽑는 신령직은 그 신앙의 모범이 되는 일에 무게를 두되, 신령직은 행정이나 사역부서에 당연직으로 여겨지는 풍토는 바람직하지 못하다. 공평, 소명, 자질, 그리고 지도력의 나눔을 두고 신령직이 평신도 지도력의 일관성 있고, 연속성 있는 봉사의 모습은 좋다. 그러나 신령직이 사역의 다양한 리더십을 점유하는 모습은 마땅치 않다고 본다.

특별히 한인교회의 정서를 이해하지 못하는 감리사들과의 관계에서 신령직제도에 대한 감리사의 이해는 중요하다. 개체교회의 사역상황을 충분히 고려하도록 의사소통을 하고, 신령직이 장정이 정하는 자리에 선출될 때, 감리사의 장정 정신과 해석을 교인들에게 설명할 수 있도록 독려하는 것이 바람직하다.

■ 참고 문헌

1. *The Book of Discipline of The United Methodist Church* 2004 (The United Methodist Publishing House)

2. 연합감리교회 *장정*
   (The United Methodist Publishing House. 2004)

3. Thomas Edward Frank, *Polity, Practice, and the Mission of the United Methodist Church* (Nashville: Abingdon Press. 1997)

4. Jack Tuell, *The Organization of the United Methodist Church* (Nashville: Abingdon Press. 1985)

5. Chester Custer, *The United Methodist Primer* (Nashville: Discipleship Resources. 1986)

6. 이덕희, 김찬희 편, "하와이 한인들이 하와이 감리교회에 끼친 영향: 1903-1952" *미주한인감리교회 백년사* 제2권 (Committee on Publication of *100-Years History of Korean-American Methodist Church.* 2003)